國家社科基金重大委托項目"《子海》整理與研究"成果

山東省社科規劃重大委托項目成果

子海精華編

主編 王承略　聶濟冬

陶注鬼谷子校訂考説

（梁）陶弘景 注　　許富宏 撰

鳳凰出版社

圖書在版編目（ＣＩＰ）數據

陶注鬼谷子校訂考説 ／（梁）陶弘景注；許富宏撰.
 -- 南京：鳳凰出版社，2017.10（2023.4重印）
 （子海精華編／王承略主編）
 ISBN 978-7-5506-2672-0

Ⅰ．①陶… Ⅱ．①陶… ②許… Ⅲ．①縱橫家②《鬼谷子》—注釋 Ⅳ．①B228.02

中國版本圖書館CIP數據核字(2017)第245808號

書　　　名	陶注鬼谷子校訂考説
著　　　者	（梁）陶弘景 注　許富宏 撰
責 任 編 輯	韓鳳冉
出 版 發 行	鳳凰出版社(原江蘇古籍出版社)
	發行部電話 025-83223462
出版社地址	江蘇省南京市中央路165號，郵編：210009
照　　　排	江蘇鳳凰製版有限公司
印　　　刷	江蘇揚中印刷有限公司
	江蘇省揚中市大全路6號，郵編：212212
開　　　本	890×1240毫米　1/32
印　　　張	7
字　　　數	146千字
版　　　次	2017年10月第1版
印　　　次	2023年4月第2次印刷
標 準 書 號	ISBN 978-7-5506-2672-0
定　　　價	52.00圓

（本書凡印裝錯誤可向承印廠調換，電話：0511-88420818）

國家社科基金重大委托項目"《子海》整理與研究"成果之一

《子海精華編》

工作委員會

主　　任：樊麗明　孫守剛
副主任：李建軍　胡金焱　張建康　周　斌
委　　員（按姓氏筆畫排列）：
　　　　　王　飛　王君松　王學典　方　輝　巴金文　邢占軍
　　　　　杜　福　李平生　李劍峰　佘江濤　孫鳳收　陳宏偉
　　　　　劉丕平　劉洪渭

編纂委員會

學術顧問：安平秋　周勛初　葉國良　林慶彰　池田知久
總 編 纂：鄭傑文（首席專家）　王培源
副總編纂：王承略　劉心明
委　　員（按姓氏筆畫排列）：
　　　　　王　瑋　王　震　王小婷　王國良　李　梅　李士彪
　　　　　李玉清　何　永　宋開玉　苗　菁　林日波　郝潤華
　　　　　姜　濤　姜小青　馬慶洲　秦躍宇　高海安　陳元峰
　　　　　黃懷信　張　兵　張曉生　單承彬　蔡先金　漆永祥
　　　　　鄧駿捷　蘭　翠　竇秀豔
審稿專家：周立昇　鄭慶篤　王洲明　吳慶峰　林開甲　張崇琛
　　　　　唐子恒　徐有富　晁岳佩
執行主編：王承略　聶濟冬

執行編纂（按姓氏筆畫排列）：

　　　　　　王成厚　王　娜　尹思琦　曲娟娟　李　兵　宋恩來
　　　　　　苗　露　柏　雲　柳湘瑜　張雨霏　賈　兵　蘇運蕾
編　　務：張　櫻　劉　端　孫紅苑　沈　虎
本書審稿專家：鄭慶篤

《子海精華編》出版説明

"子海",即"子書淵海"的簡稱。"《子海》整理與研究"課題係國家社科基金重大委托項目、山東省社科規劃重大委托項目。該課題分《珍本編》、《精華編》、《研究編》、《翻譯編》四個版塊,力圖把子部珍稀文獻、精華文獻進行深層次的整理、研究和譯介,挖掘子部文獻的價值,促進子學研究的發展。

山東大學向來以文史見長。古籍整理與子學研究,是其中的傳統研究方向。"《子海》整理與研究",是在山東大學前輩學者高亨先生積30年之力陸續做成的《先秦諸子研究文獻目録》的基礎上,由已故著名古籍整理與研究專家董治安先生參與策劃、設計的大型綜合研究課題。課題立項後,得到了中宣部、教育部、財政部、山東省政府和山東大學的大力支持,學界同仁踴躍參與。《精華編》的整理研究團隊近200人,來自海内外48所高校和研究機構。在組織管理上,《精華編》努力探索傳統文化研究協同創新的新體制、新機制,現已呈現出活力和實效。

華夏文明是由多元文化構築而成的。中國古代子部典籍,以歷代士人個性化作品的形式,系統性地展示了華夏民族的世界觀和方法論,立體性地反映了中華民族對世界文明發展的貢獻。其中,無論是宏篇大論,還是叢殘小語,都激蕩著歷史的聲音，閃爍著智慧的光芒，構成中國古代思想、藝術、科技和生活方式的主體內容。《精華編》通過對子部最优秀的典籍的整理，一方面擷英取粹，爲華夏文明的傳播提供可靠的資源和文本；另一方面以古鑒今，爲當下社會的發展提供智力支持和精神支撑。并希望進而梳理中華傳統文化的多元結構，繼承中華優秀傳統文化的一貫文脈。

根據漢代以後子學發展和子部典籍的實際情況，參照官私目錄的分類與著録，《精華編》選取先秦諸子、儒學、兵家、法家、農家、醫家、曆算、術數、藝術、雜家、小説家、譜録、釋道、類書等十四個類目的要籍幾百種，編爲目録，作爲整理的依據，而在成果展現上則不出現具體的類目。爲統一體例，便於工作，《精華編》編有詳細的《整理細則》，并有簡明的《整理要則》，供整理者遵循使用。

《精華編》整理原則是，對每種子書的整理，突出學術性、資料性和創新性，力求吸納已有的整理成果，推出更具參考價值、更方便閲讀的整理文本。所採用的整理方式，大體有三種：一、部頭較大且前人未曾整理者，採用標點、校勘的方式整理；二、前人曾經標點、校勘者，或採用抽換更好或別具學術特色底本的方式整理，或採用集校、集注的方式整理，或採用校箋、疏證的方式整理，或綜合使用以上方式；三、前人已有較好的注本者，則採用集注、彙評、補正等方式整理。

《精華編》採用五次校審、遞進推動的管理程式，即：一、初校全稿。子海編纂中心組織碩、博研究生，修改文稿錯別字，規範異體字，調整格式，發現并標明校點中的不妥之處。二、初審文稿。子海編纂中心的編纂人員根據情況，解決初校時發現的問題，并判斷書稿的整體質量。三、匿名評審。

聘請資深教授通審全稿，全面進行學術把關，消滅硬傷，寫出審稿意見。四、修改文稿。子海編纂中心及時把專家審稿意見反饋給整理者。整理者根據審稿意見修改，做出新文稿。五、終審文稿。待新文稿返回子海編纂中心後，總編纂作最後的學術質量把關。五步程序完成後，將文稿交付出版社。

　　五次校審的目的是爲了保證學術質量，提高整理水平，減少錯訛硬傷。但校書如掃塵埃落葉，隨掃隨有，《精華編》雖經多道程序嚴加把關，仍難免有錯，懇請方家不吝指教。子海編纂中心將及時總結經驗，吸取教訓，把工作做得更好，以實現課題設計的初衷。

目　録

整理説明 …………………………………… 1

秦恩復序 …………………………………… 1
秦恩復鬼谷子篇目考 ……………………… 3
捭闔第一 …………………………………… 7
反應第二 …………………………………… 25
內揵第三 …………………………………… 40
抵巇第四 …………………………………… 53
飛箝第五 …………………………………… 60
忤合第六 …………………………………… 68
揣篇第七 …………………………………… 74
摩篇第八 …………………………………… 80
權篇第九 …………………………………… 88
謀篇第十 …………………………………… 100
決篇第十一 ………………………………… 113
符言第十二 ………………………………… 119
轉丸第十三　胠亂第十四 ………………… 130
本經陰符七術 ……………………………… 132
持樞 ………………………………………… 159

中經 ………………………………………………………… 161

附錄 ………………………………………………………… 175
　鬼谷子佚文 ……………………………………………… 175
　太平御覽引鬼谷子異文及注文 ………………………… 176
　周廣業鬼谷子跋 ………………………………………… 177
　盧文弨鬼谷子跋 ………………………………………… 179
　阮元鬼谷子跋 …………………………………………… 180
　乾隆五十四年秦恩復序 ………………………………… 180
　嚴元照鬼谷子跋 ………………………………………… 182
　徐鯤鬼谷子跋 …………………………………………… 183
　勞權鬼谷子跋 …………………………………………… 183
　繆荃孫鬼谷子跋 ………………………………………… 183
　陳乃乾鬼谷子校記 ……………………………………… 184
　鬼谷子全文 ……………………………………………… 187

整理説明

鬼谷子,生卒年不詳。《史記·蘇秦列傳》載蘇秦"東師事於齊,而習之於鬼谷先生"。《史記·張儀列傳》也記載張儀"始嘗與蘇秦俱事鬼谷先生學術"。東漢應劭《風俗通義》云:"鬼谷先生,六國時縱橫家。"這些說法代表了漢代學者的看法,説明鬼谷子是史有其人。根據橫秋閣本長孫無忌《鬼谷子序》的記載,鬼谷子是"楚人",因隱居在鬼谷而稱作鬼谷先生。據錢穆《先秦諸子繫年》,鬼谷子活動年代約爲公元前390年至前320年之間。大約與孟子同時而稍早。

馬端臨《文獻通考·經籍考》引陸龜蒙説:"鬼谷先生,名訓。"宋人李昉《太平廣記》卷四引《仙傳拾遺》云:"鬼谷先生,晋平公時人,隱居鬼谷,因爲其號。先生姓王名栩,亦居青溪山中。"明人李傑《道藏目録詳注》亦曰:"鬼谷先生,晋平公時人,姓王名詡,不知何許人,受道於老君。"《嘉慶重修一統志》亦曰:"鬼谷子,姓王名詡,楚人。嘗入雲夢山采藥,得道。"這裏都説到鬼谷先生名王訓或王栩或王詡,然恐爲道教徒所僞託。

《鬼谷子》的流傳,淵源有自。漢代劉向《説苑·善説》引《鬼谷子》,南北朝人劉勰《文心雕龍》之《諸子》與《論説》中,兩次提到《鬼谷子》及其書内容。《隋書·經籍志》、《舊唐書・經籍志》、《新唐書・藝文志》、《中興書目》、《宋史・藝文志》，晁公武《郡齋讀書志》、鄭樵《通志・藝文略》、馬端臨《文獻通考・經籍考》、陳振孫《直齋書録解題》等均著録《鬼谷子》書目。

歷代書志著録《鬼谷子》的注釋情況有：西晉皇甫謐注《鬼谷子》三卷、梁陶弘景注《鬼谷子》三卷、隋樂壹注《鬼谷子》三卷、唐尹知章注《鬼谷子》三卷。皇甫謐注不見新、舊《唐志》，恐五代時即已佚，具體内容已難考其詳。樂壹注亦已佚。高承《事物紀原》卷二："樂壹注《鬼谷子》曰：'肅慎還，周公恐其迷路，造指南車送之。'"則樂注尚可見一二。尹知章注，見載於新、舊《唐志》。陳振孫《直齋書録解題》卷十云："《隋志》有皇甫謐、樂壹二家注，今本稱陶弘景注。"今本《鬼谷子》注者爲陶弘景。陶弘景，南朝時丹陽秣陵人，字通明。初爲齊諸王侍讀，後隱居句容句曲山，自號華陽隱居。因佐蕭衍奪齊帝位，建梁王朝，參與機密，時謂山中宰相。主張儒、釋、道三教合流。謚貞白先生。

但今本是尹注還是陶注，學術史上存在爭論。我們認爲今本當係陶注，其理由如下：

其一，陶注淵源有自。明楊慎橫秋閣本《鬼谷子》有唐初長孫無忌《鬼谷子序》，稱《鬼谷子》三卷，陶弘景注。則陶注在唐初即已存在。陳騤《中興書目》曰："一本始末皆東晉陶弘景注。一本《捭闔》、《反應》、《内揵》、《抵巇》四篇不詳何人訓釋，中、下二卷與弘景所注同。"（《玉海》引）則在宋時，陶注有流行。鄭樵《通志・藝文略》曰："《鬼谷子》三卷。皇甫謐注。鬼谷先生，楚人也。生於周世，隱居鬼谷。又三卷。樂壹注。又三卷。唐尹知章注。又三卷。梁陶弘景注。"及上引陳振孫《直齋書録解題》,至錢曾《讀書敏求記》亦有"陶弘景注《鬼谷子》三卷",故自唐宋至明清,脈絡清晰,淵源有自。

其二,據清秦恩復嘉慶十年刻本後附徐鯤跋,清秦恩復嘉慶十年刻本的底本原係錢曾述古堂舊抄本,此本在錢曾之後歸知不足齋主人鮑廷博(以文)。秦恩復得觀鮑以文所藏,因而開雕。徐鯤説此本"乃據宋本傳録者",可見秦恩復嘉慶十年刻本是宋本的過録本。徐鯤又説"如卷首所題'東晉貞白先生丹陽陶弘景注'一行,係沿南宋《中興書目》之誤。似即當時館閣著録之本"。這一説法得到繆荃孫的贊同。而嘉慶十年刻本則明署"《鬼谷子》陶弘景注三卷",據此,嘉慶十年刻本或即是《中興書目》著録之本。這就是説嘉慶十年刻本的祖本是宋本。此本早於明正統《道藏》本。

其三,陶弘景注《鬼谷子》可以從注文本身得到内證。《反應》篇曰:"己審先定以牧人,策而無形容,莫見其門,是謂天神。"注曰:"己能審定,以之牧人。至德潛暢,玄風遠扇,非形非容,無門無户。見形而不及道,日用而不知故,謂之天神也。"《摩》篇:"主兵日勝者,常戰於不爭不費,而民不知所以服,不知所以畏,而天下比之神明。"注曰:"善戰者,絕禍於心胸,禁邪於未萌。故以不爭爲戰,師旅不起,故國用不費。至德潛暢,玄風遐扇,功成事就,百姓皆得自然。故不知所以服,不知所以畏,比之於神明也。"這兩處注文皆有"至德潛暢,玄風遠(遐)扇"句,明顯是魏晉玄學興盛時期的時代話語。《飛箝》曰:"引鉤箝之辭,飛而箝之。"注云:"鉤謂誘致其情,言人之材性,各有差品,故鉤箝之辭,亦有等級。"注謂人性"差品"、言辭"等級"云云,亦明顯是魏晉時期材性、品評風氣使然。陶弘景乃齊梁時人,用他當時生活時代的話語來作注乃出於自然。《内揵》篇曰："方來應時，以合其謀。"注曰："方謂道術，謂以道術來進，必應時宜，以合會君謀也。"這裏的"方"應指時機。但是注文説："方謂道術。"陶弘景乃道教人物，將"方"解釋爲"道術"，亦合陶弘景身份。

然日人皆川愿《鬼谷子考閲》注文内容與陶注同，卻署爲尹知章注。故使《鬼谷子》注文的撰者，撲朔迷離。然今本並非尹注。其一，《鬼谷子考閲》乃晚出之本，不可信。《鬼谷子考閲》乃日本安永三年大阪嵩山堂抄本。安永三年即公元1774年，清乾隆三十九年，距宋本晚七百多年。其二，有人以爲皆川愿《鬼谷子考閲》乃唐時流入日本，故其爲唐本。此爲推測之詞。據《鬼谷子考閲》前皆川愿《刻鬼谷子序》言："先儒嘗謂一闔一闢，《易》之神也；一翕一張，老氏之幾也。《鬼谷子》，其術往往有得於闔闢翕張之外，神而明之。盖至於自抶潰裂而不可禦。"這裏的"先儒"乃指宋代的高似孫。"先儒"後面的一段話，乃引用宋代高似孫的《子略》文，明代普遍節錄作爲《鬼谷子序》，見於明代的多個版本。如明正德間刊《十二子》本、明嘉靖乙巳抄本、萬曆四年刊《子彙》本、萬曆三十年緜眇閣本及高金體《鬼谷子評點》（明天啓間刊《諸家合評十二子》）等。這裏皆川愿亦引用高似孫言，則其所見版本亦只能是明本，而不可能是宋本。因爲只有明代的版本才能見到高似孫《鬼谷子序》。其三，《鬼谷子考閲》内容同明正統《道藏》本，皆川愿所見《鬼谷子》及高似孫《鬼谷子序》均屬於《道藏》本，很明顯《鬼谷子考閲》出於《道藏》本系統，而《道藏》本《鬼谷子》的注是没有署名的。《考閲》署名尹知章與其祖本不合，固不可信。其四，周廣業説法有誤。清人周廣業以爲今本爲尹注。其云："案《鬼谷》録自《隋志》，有皇甫謐、樂壹注,各三卷。新、舊《唐志》無皇甫謐,而增尹知章注三卷,不聞陶也。陶注始見於晁氏《讀書志》。"又曰:"觀其注文,往往避唐諱,如以人爲民,世爲代,治爲理,繰繼作繰絏之類,而筆法又絶似《管子注》,是爲尹注無疑。"趙鐵寒於《鬼谷子考辯》中對周氏說作了補充:"秦刻本於同書之中,即另有兩處於原注下加秦氏附注曰:別本引稱陶弘景曰。既然有別本於某注中明白標出'陶弘景曰',則未標之注,自不屬於弘景,其理甚明。""又,錢遵王《讀書敏求記》亦有陶注之反證。錢氏之言曰:陶弘景注《鬼谷子》三卷……其《轉丸》、《胠篋》今亡。貞白曰:'或云即《本經》、《中經》是也。'錢氏所舉之'貞白曰',與秦恩復所見別本之'陶弘景曰'同例,自屬他人注《鬼谷子》所引之陶弘景語,與開首所謂'陶弘景注'者自相抵觸,不但不足證其爲陶注,適足反證其非陶注。"(《大陸雜誌》第十四卷第六期《鬼谷子考辯下》)然據明楊慎橫秋閣本《鬼谷子》有唐初長孫無忌《鬼谷子序》,稱《鬼谷子》有陶弘景注。周廣業說陶注始見於晁氏《讀書志》,乃是失考。且注中並未有故意避諱之現象,如"外泄"即不避"世"字。至於筆法絕似《管子注》一說,更不確。孫詒讓曰:"尹注《管子》今俱存,此書《符言篇》與《管子·九守篇》文正同。……以彼校此書,脫訛甚夥,注皆沿誤妄説,假令果出尹手,豈得注《管子》而略不省勘乎?然則今本題陶注雖未可盡信,而非尹注則無疑義。"《管子·九守》尹知章注今存,與《符言》注對照,多不同。如"熒惑",《管子》注作"眩惑于物"解;《鬼谷子》注作"熒惑星"解。周,《管子》注作"謹密",《鬼谷子》注作"遍知物理"。兩注文的文字數量也不一樣。故今本《鬼谷子》注與《管子》注的作者,顯非一人。至於憑版本中有"陶弘景曰"來否認今本爲陶注，則未考慮到版本流傳中的複雜情況。據《中興書目》，則早在宋時，陶注即已殘缺不全。而"陶弘景曰"云云，徐鯤《跋》已説"係沿南宋《中興書目》之誤"。綜上所述，《鬼谷子考閲》署尹知章注不足信。不難看出，因爲《道藏》本無署名，《考閲》亦爲鈔本，顯係皆川愿以私意添加尹知章注以足本也。據皆川愿《刻鬼谷子序》曰："予十七八時嘗爲人一訂此書，今已二十年。其人請出付梓人，予不能拒，乃爲之序。"皆川愿説其書乃其十七八歲所"訂"。作爲日本人，十七八歲而"訂"中國古代典籍，其可靠性自不待言矣。

　　大約到南宋末年時，僅陶弘景注流行。至清人錢曾《讀書敏求記》中，則僅存陶注。陶注是現存惟一舊注，極具價值。

　　《鬼谷子》版本中流傳最廣的是《道藏》本，《四部叢刊》即據此影印。但《道藏》本有諸多缺點：第一，《内揵》篇缺文多達三百餘字；第二，未標明注者；第三，脱《揣》篇、《摩》篇、《權》篇三篇的題注；第四，將《揣》篇前一段文字混爲題注。流傳中較好的版本是清人秦恩復嘉慶十年(1805)刻本，此本彌補了上述第一、二、四條失誤，但此本也没有收録《揣》、《摩》、《權》三篇題注。中華書局"新編諸子集成續編"本《鬼谷子集校集注》補全了三篇題注。

　　就本次整理，作如下説明：

　　一、所整理之各節，均由《鬼谷子》題解、原文、陶注、校訂、考説五部分組成。

　　二、《鬼谷子》原文及陶弘景注，以嘉慶十年(1805)江都秦氏刻本(北京中國書店1985年景印)爲底本，簡稱"嘉慶本"。

三、整理中除借鑒《鬼谷子集校集注》（中華書局 2010 年版《新編諸子集成續編》本）的校勘外，參考、采用的《鬼谷子》舊本還有：

（一）明正統《道藏》本，民國十四年（1925）上海涵芬樓景印，簡稱"《道藏》本"；

（二）明嘉靖乙巳（1605）蘇州文氏藍格鈔本，簡稱"嘉靖鈔本"；

（三）明藍格傳鈔《道藏》本，中國子學名著集成編印基金會景印，簡稱"藍格本"；

（四）清乾隆五十四年（1789）秦恩復刻本，簡稱"乾隆本"；

（五）清文淵閣《四庫全書》景印本，簡稱"《四庫》本"。

四、整理中采集前人及今人的校注、評點包括：

（一）清嘉慶十年（1805）秦恩復刻本收錄蕭梁陶弘景注，簡稱"陶弘景曰"；

（二）明焦竑、翁正春、朱之蕃《鬼谷子品彙釋評》，簡稱"《品彙釋評》本"；

（三）明楊慎《鬼谷子評注》，明天啓五年（1625）刻本，簡稱"橫秋閣本"；

（四）明歸有光《鬼谷子評點》，明天啓五年（1625）刻本，簡稱"《諸子彙函》本"；

（五）明高金體《鬼谷子評點》，明天啓間刻本，簡稱"高氏本"；

（六）清俞樾《鬼谷子平議》，中華書局 1954 年版；

（七）清陳乃乾校記，《鬼谷子新注》附錄，民國二十年（1931）上海商務印書館排印本；

（八）民國俞棪《鬼谷子新注》，民國二十年（1931）上海商務印書館排印本；

（九）民國尹桐陽《鬼谷子新釋》，民國二十一年（1932）上海文明印刷所鉛印本，簡稱"尹桐陽曰"；

（十）蕭登福《鬼谷子研究》，臺灣文津出版社1984年版。

所引各家注説，一般按時代先後排列；清以前各家注説、評論性文字，根據需要加以選擇，以便參考；民國及當代的注説，擇善而從。偶用不見上列諸書者，則隨文注明出處。鄙見加"考説"綴於其後。部分"考説"參考借鑒了鄭傑文先生《鬼谷子奧義解説》（山東大學出版社1993年版）的"義説"，特此説明。

五、原文句子單位劃分，視文義及校、注、評之多寡有無而定；原文異讀處斷句，多從陶注，注文序號以陶注文爲單位，個別地方作了調整。

六、底本無目録，現根據該書内容另作詳目，以便翻檢。

七、爲了保留原貌，底本的序跋及《篇目考》予以移録。

秦恩復序

《鬼谷子》不見於《漢志》，至隋、唐始著録。新、舊《唐書》皆以爲蘇秦撰。然《漢書》縱橫家別有《蘇子》三十二篇，其文與《鬼谷》不類。使蘇秦托名鬼谷，班固何以略而不注？陸龜蒙以"鬼谷"爲王詡。王嘉《拾遺記》以"鬼谷"爲"歸谷"，蓋歸、鬼聲轉，《爾雅》曰："鬼之爲言歸也。"其謂"蘇秦假託"者，以儀、秦師事鬼谷，而《史記·蘇秦傳》有"簡練"、"揣摩"之語，《鬼谷》書適有《揣》、《摩》二篇，遂附會其説，實無所據。或云"周時豪士，隱於鬼谷"者，近是。

書凡三卷，自《捭闔》至《符言》十二篇，《轉丸》、《胠篋》二篇舊亡，又有《本經陰符七術》及《持樞》、《中經》，共二十一篇。柳子厚嘗譏其險盭峭薄，妄言亂世。今觀其書，抉摘幽隱，反覆變幻，蘇秦得其緒餘，即掉舌爲從約長，真從橫家之祖也。考《説苑》、《史記注》、《文選注》、《意林》、《太平御覽》諸書所引，或不見於今書，或文與今本差異。蓋自五季散亂之後，傳寫漸失其真，陶陰帝虎，譌脱相仍，不僅《轉丸》、《胠篋》也。

注《鬼谷》者，舊有樂壹、皇甫謐、尹知章三家。樂注一見於《文選注》中，《太平御覽》數條亦不著注者名氏，《中興書目》始列陶弘景注,①晁、陳二家繼之。貞白生於蕭梁,書迺晚出,讀者不無然疑。同年海寧周耕厓孝廉以注中多避唐諱,斷爲是尹非陶,詞頗博辯。然亦憑虚臆言,絶無左證。惟馬貴與《文獻通考》於陶注下云"《唐志》以爲尹知章注,未知孰是",則在宋時已兩存其説。幸賴華陽真逸之名,得藉收於《道藏》。無論爲陶爲尹,皆可決其非宋以後之書矣。是書刻於乾隆己酉,僅據孫淵如觀察華陰嶽廟所録本讎校刊行。盧抱經先生重加勘定,至再至三,最後郵示述古堂舊鈔,始知《道藏》所存,譌脱正復不少。讀書固難,校書亦不易也。因重付剞劂,一以錢本爲主。其有錢本所無,而藏本所有者,審其異同,互相考證。又刺取唐宋書注所引舊注,掇而存之,附於本文之下。其或今本亡佚,別見他書,及稱鬼谷事迹足資參考者,附録於後,以備觀覽焉。嘉慶十年乙丑八月十五日江都秦恩復序。

---

① "陶弘景",原作"陶宏景",避清乾隆帝弘曆諱,今回改,下同。

秦恩復鬼谷子篇目考

《隋書·經籍志》縱橫家:《鬼谷子》三卷。皇甫謐注。鬼谷子,周世隱於鬼谷。《鬼谷子》三卷。樂壹注。

《舊唐書·經籍志》:《鬼谷子》二卷。蘇秦撰。又三卷。樂壹注。又三卷。尹知章注。

《新唐書·藝文志》:《鬼谷子》二卷。蘇秦。樂壹注《鬼谷子》三卷。尹知章注《鬼谷子》三卷。尹知章不著錄。

柳宗元《鬼谷子辯》曰:元冀好讀古書,然甚賢《鬼谷子》,爲其《指要》幾千言。《鬼谷子》要爲無取。漢時,劉向、班固錄書無《鬼谷子》。《鬼谷子》後出,而險戇峭薄,恐其妄言亂世,難信,學者宜其不道。而世之言縱橫者,時葆其書。尤者晚乃益出七術,怪謬異甚,不可考校。其言益奇,而道益陿,使人狙狂失守,而易於陷墜。幸矣,人之葆之者少。今元子又文之以《指要》。嗚呼,其爲好術也過矣!

《中興書目》:《鬼谷子》三卷。周時高士,無鄉里、族姓、名字,以其所隱,自號鬼谷先生。蘇秦、張儀事之,授以《捭闔》下至《符言》等十有二篇,及《轉圜》、《本經》、《持樞》、《中經》等篇,亦以告儀、秦者也。一本始末皆東晋陶弘景注。一本《捭闔》、《反應》、《內揵》、《抵巇》四篇,不詳何人訓釋,中、下二卷與弘景所注同。

《宋史·藝文志》：《鬼谷子》三卷。

晁公武《讀書志》：《鬼谷子》三卷，鬼谷先生撰。按《史記》，戰國時隱居潁川陽城之鬼谷，因以自號。長於養性治身，蘇秦、張儀師之，受縱橫之事。叙王伯厚《漢書·藝文志考證》引晁氏《讀書志》云尹知章叙。謂此書即授秦、儀者《捭闔》之術十三章，《考證》引注云：一云十二章。《本經》、《持樞》、《中經》三篇，《考證》引注云：一云受《轉丸》、《胠篋》三章。梁陶弘景注。按：馬氏《通考·經籍志》引《讀書志》，此下有"《隋志》以爲《蘇秦書》，《唐志》以爲尹知章注，未知孰是。陸龜蒙詩謂鬼谷先生名詡，不詳所從出"三十五字。柳子厚嘗曰："劉向、班固錄書無《鬼谷子》。《鬼谷子》後出，而嶮戇峭薄，恐其妄言亂世，難信。尤者，晚乃益出七術，怪謬異甚，言益隘，使人狙狂失守。"來鵠亦曰："《鬼谷子》，昔教人詭紿激訐，揣測憸猾之術，悉備於章。學之者，惟儀、秦而已。如捭闔、飛箝，實今之常態。是知漸漓之後，不讀《鬼谷子》書者，其行事皆得自然符契也。昔倉頡作文字，鬼爲之哭。不知鬼谷作是書，鬼何爲耶？世人欲知鬼谷子者，觀二子言略盡矣，故掇其大要著之篇。

鄭樵《通志·藝文略》：《鬼谷子》三卷。皇甫謐注，鬼谷先生，楚人也。生於周世，隱居鬼谷。又三卷。樂壹注。又三卷。唐尹知章注。又三卷。梁陶弘景注。

馬端臨《通考·經籍志》：《鬼谷子》三卷。

王應麟《玉海》引《史記正義》：鬼谷，谷名。在雒州陽城縣北五里。《七錄》有《蘇秦書》。樂壹注云："秦欲神秘其道，故假名鬼谷也。"《鬼谷子》三卷，樂壹注。樂壹，字正，魯郡人。有《陰符七術》，有《揣》及《摩》二篇，《戰國策》云："得太公《陰符》之謀，伏而誦之，簡練以爲揣摩，期年，揣摩成。"按

《鬼谷子》乃《蘇秦書》明矣。

　　王應麟《漢書·藝文志考證》縱橫《蘇子》三十二篇,《鬼谷子》三卷,樂壹注云:"蘇秦欲神秘其道,故假名鬼谷也。"《史記正義》:《戰國策》云:"乃發書陳篋數十,得太公《陰符》之謀,伏而誦之,簡練以爲揣摩。"《鬼谷子》有《陰符》七術,有《揣》及《摩》二篇,乃《蘇秦書》明矣。東萊吕氏曰:"戰國游說之風,蘇秦、張儀、公孫衍實倡之。秦,周人也。儀與衍,皆魏人也。故言權變辯智之士,必曰三晉兩周云。"石林葉氏曰:"蘇秦學出於揣摩,未嘗卓然有志天下,反覆無常,不守一道,度其隙苟可入者則爲之。此揣摩之術也。故始求說周,周顯王不能用,則去而之秦,再求說秦,秦孝公不能用,則去而之燕。幸燕文侯適合而從說行。其所以說周者,吾不能知。若秦孝公而聽之,則必先爲衡說以噬六國,何有於周?此蘇秦所以取死也。"《太平御覽》引蘇秦曰:"天子坐九重之内,樹塞其門,旅以翳明,①衡以隱聽,鷙以抑馳。"《後漢·王符傳》注引《蘇子》曰:"人生一世,若朝露之宅於桐葉耳,其與幾何!"《御覽》又引"蘭以芳自燒,膏以肥自煸,翠以羽殃身,蚌以珠致破"。按《蘇子》三條,其文與《鬼谷子》不類,則《鬼谷》之非《蘇秦書》明矣。劉氏泾曰:"《老》之翕張,儒之闔闢,②其與《鬼谷》,往來如環。鬼,幽而顯者也;谷,扣而應者也。藏幽露顯,一扣一應,信如其名哉!"此條亦王伯厚《考證》所引,故附録之。

　　高似孫《子略》曰:戰國之事危矣!士有挾儁異豪偉之氣

---

① "旅",當爲"旒"之誤。
② "儒",疑"易"字之誤,此似約《易傳·繫辭上》"闔户謂之坤,闢户謂之乾,一闔一闢謂之變"而爲文;高似孫《子略》論《鬼谷》,亦有"夫一闢一闔,《易》之神也;一翕一張,老氏之幾也"諸語,可參。

求聘乎用,其應對酬酢、變詐激昂以自放於文章。見於頓挫險怪、離合揣摩者,其辭又極矣!《鬼谷子》書,其智謀,其數術,其變譎,其辭談,蓋出於戰國諸人之表。夫一闔一闢,《易》之神也;一翕一張,老氏之幾也。鬼谷之術,往往有得於闔闢翕張之外,神而明之。益至於自放潰裂而不可禦。予嘗觀諸《陰符》矣,窮天之用,賊人之私,而陰謀詭秘有《金匱》、《韜》、《略》之所不可該者,而《鬼谷》盡得而泄之,其亦一代之雄乎!按劉向、班固錄書無《鬼谷子》,《隋志》始有之,列於縱橫家。《唐志》以爲蘇秦之書,然蘇秦所記以爲周時有豪士隱者,居鬼谷,自號鬼谷先生,無鄉里、族姓、名字。今考其言,有曰:"世無常貴,事無常師。"又曰"人動我靜,人言我聽","知性則寡累,知命則不憂"。凡此之類,其爲辭亦卓然矣。至若《盛神》、《養志》諸篇,所謂"中稽道德之祖,散入神明之蹟"者,不亦幾乎!郭璞《登樓賦》有曰:"揖首陽之二老,招鬼谷之隱士。"又《游仙詩》曰:"青溪千餘仞,中有一道士。借問此誰何?云是鬼谷子。"可謂慨想其人矣!徐廣曰:"潁川陽城有鬼谷。"注其書者,樂壹、皇甫謐、陶弘景、尹知章。知章,唐人。

　　陳振孫《書錄解題》:《鬼谷子》三卷。戰國時,蘇秦、張儀所師事者,號鬼谷先生。其地在潁川陽城。名氏不傳于世。此書《漢志》亦無有,《隋》、《唐志》則直以爲蘇秦撰,不可考也。《隋志》有皇甫謐、樂壹二家注,今本稱陶弘景注。又云:按《唐書·藝文志》作二卷。

　　錢曾《讀書敏求記》:陶弘景注《鬼谷子》三卷。鬼谷子,無鄉里、族姓、名字,戰國時隱居潁川陽城之鬼谷,故以爲號。其《轉丸》、《胠篋》二篇今亡。貞白曰:"或云即《本經》、《中經》是也。"

捭闔第一

【題解】

　　捭闔即開闔。尹桐陽解釋"捭闔"曰："捭同辟,開也;闔,閉也。《易·繫辭》:'闢户謂之乾,闔户謂之坤。'"則捭闔乃秉承《易》之陰陽理論,爲陰陽法則在縱横家理論中之具體應用。陶弘景曰："捭,撥動也;闔,閉藏也。凡與人言之道,或撥動之令有言,示其同也;或閉藏之令自言,示其異也。"據此,"捭闔"乃"與人言之道",一種"撥動之令有言"、"閉藏之令自言"的縱横家游説技巧。要之,捭闔乃縱横家理論基礎之主幹,爲其立身處世、游説諸侯、干主求禄之總原則。

　　本篇在内容上論述了捭闔的涵義、利用捭闔達到的目的、使用原則與方法,結構上由四個部分所組成:

　　首言捭闔乃縱横家之理論基石。縱横家理論集中爲"游説"與"計謀"。游説需用口表達,口説即表現爲一開一合。故鬼谷子以開合思考並建立起縱横家理論體系。開合即捭闔。捭即開即言,闔即閉即默,而捭闔乃即陰陽之代稱。故本篇開始從宇宙生成的角度來闡述。因爲萬物皆產生於捭闔,故人之心理也產生於捭闔。捭闔乃控制人思想之關鍵,而人之思想通過口表達出來,故捭闔爲語言表達之門户。

　　次言捭闔使用所達之目的,即"得情"。《鬼谷子》強調游説或計謀先須瞭解對方實情,故捭闔乃"得情"之理論基礎。文中曰："捭之者,料其情也;闔之者,結其誠也。皆見其權衡輕重,乃爲之度數。"只有對各種情況,尤其是敵我雙方實情掌握清楚,然後綜合權衡一番,纔能決定如何行事。而得對方之實情,須使對方"開",同時也使己方目的不外露,做到

"闔"。如此,捭闔爲縱橫家行事之總方法。

又次言捭闔使用之原則。本篇提出"即欲捭之貴周,即欲闔之貴密"。"捭"爲"開",主要針對對方,讓對方開而爲我所用,而欲達目的,必要考慮周密;"闔"則針對己方,己方要"合",做到隱密而自保。捭闔之使用,既要打開對方,讓自己獲利;又要自保,不能失利。此乃使用捭闔之原則。

最後言捭闔使用方法。本篇認爲,人在總體上也分爲"陰"、"陽"兩類:或賢或不肖,或智或愚,或勇或怯,與開闔暗合。故捭闔可用於與人打交道,尤其可用於説客游説時與國君或權臣的關係處理上。在具體使用時,靈活處置,"故與陽言者,依崇高;與陰言者,依卑小",做到具體情況具體對待。

粵若稽古,聖人之在天地間也,

【陶注】若,順;稽,考也。聖人在天地間,觀人設教,必順考古道而爲之。

【校訂】陶注"聖人",陳乃乾《鬼谷子校記》云下有"之"字。

【考説】《鬼谷子》借聖人張論。王世貞曰:"凡刑名游説,諸家立説,必牽扯聖人以駭世。大率如此。"(《諸子匯函》卷六)王説指出戰國諸子立説之慣例。儒家以聖人爲人格最高標準,道家以聖人爲順應自然規律不妄爲之人。縱橫家所稱"聖人",與諸家不同,乃爲掌握自然界和社會的本質及規律,並善於利用矛盾,從事政治鬥爭的理論家。陶注言聖人"觀人設教",依《易傳》設卦觀象立説,而強調教化,乃從儒家立場而論,揭示《鬼谷子》與《易》之間的關係,對研讀本書頗有啓發。

爲衆生之先。

【陶注】首出庶物,以前人用先知覺後知,先覺覺後覺,故爲衆生先。

【校訂】陶注"衆生先"之"先",陳乃乾《校記》云前有"之"字,後有"也"字。

【考說】陶注釋"先"爲"先知先覺",與上下文意不合。衆生,從下文"籌策萬類"看,指大自然一切生命。故此處大致言宇宙創生過程:天地→聖人→衆生。在此過程中,聖人先於衆生產生,故曰"爲衆生之先"。虞集曰:"從上古聖人叙來,天地之理,不外陰陽。究之千變萬化,百物萬類之終始,只是陰陽之理。聖人先知先覺,不過明此教人,以爲衆生之先而已。後人舉事剛柔開閉弛張之用,皆不能外也。"(《諸子匯函》卷六)虞說指出聖人明陰陽之理,故能爲衆生之先。聖人以陰陽之理教人,則策士亦以陰陽之理縱橫天下,此捭闔之義也。

觀陰陽之開闔以名命物,

【陶注】陽開以生物,陰闔以成物。生成既著,須立名以命之也。

【校訂】名,《道藏》本無。

【考說】陶注以"陽開"生物,"陰闔"成物,過於拘泥。《老子》第四十二章曰:"道生一,一生二,二生三,三生萬物。萬物負陰而抱陽,沖氣以爲和。"萬物皆由陰陽二者聯合而創生,非獨陽或獨陰能生成萬物者。

知存亡之門戶,

【陶注】不忘亡者,存;有其存者,亡。能知吉凶之先見者,其唯知幾者乎?故曰"知存亡之門戶"也。

【考說】此句意謂聖人知悉萬事萬物生死存亡之關鍵。縱橫家從事政治活動,有很大危險,務必要懂得生死存亡之辯證法,游說或計謀均須考慮國家或自我的生死存亡。能預知行動之生死存亡,對縱橫家來說十分重要。陶注著眼於縱橫家立論,對文意的闡發十分到位。

籌策萬類之終始,達人心之理,見變化之朕焉,

【陶注】萬類之終始,人心之理,變化之朕,莫不朗然玄悟而無幽不測。故能籌策遠見焉。朕,迹也。

【校訂】萬類，乾隆本曰："一本作物。"陶注中"玄悟"，原作"元悟"，乃避清康熙帝玄燁諱，今回改，下同。

【考説】此言聖人要知悉萬類之終始與人心之理，聖人一旦明瞭萬事萬物之發生發展之運動規律以及人之心理，即能發覺蛛絲馬迹，準確預知事物趨勢，以便趨利避害，達到成功。陶注强調聖人明萬類變化與人心之理變幻之迹，善於以所見之迹，謀劃富有遠見的計策。籌策遠見，乃陶注發明，合乎《鬼谷子》本意。

而守司其門户。

【陶注】司，主守也。門户，即上存亡之門户也。聖人既達物理之終始，知存亡之門户，故能守而司之，令其背亡而趣存也。

【校訂】陶注"司，主守也"，原脱，據《道藏》本、嘉靖鈔本補。

【考説】陶釋"門户"爲存亡之門户。聖人既知存亡之門户，亦能主守存亡之門户，則能背離死亡而趨向生存，達到趨利避害之目的。此所謂存亡之門户，當以捭闔主守，捭闔而主背亡趨存之門户也。此意陶注未及，猶有未盡之感。

故聖人之在天下也，自古及今，其道一也。

【陶注】莫不背亡而趣存，故曰"其道一也"。

【校訂】及，《道藏》本、嘉靖鈔本、《四庫》本作"至"。

【考説】此言縱橫家縱橫天下，當以背亡趨存爲大道。陶説縱橫家之道，乃"莫不背亡而趣存"，合乎本意。背亡而趣存，實乃縱橫家行事之大道。縱橫策士馳騁各國，其職責即於亂世之中救民於水火。不懂背亡趨存之道，則無法實現。《中經》篇曰："蓋士遭世異時危，或當因免填坑，或當伐害能言，或當破德爲雄，或當抑拘成罪，或當戚戚自善，或當敗敗自立。故道貴制人，不貴制於人也。"此"道"亦"背亡而趨存"也。

變化無窮，各有所歸。

【陶注】其道雖一，所行不同，故曰"變化無窮"。然有條而不紊，故曰"各有所歸"。

【考說】此言聖智之人處理問題之方法多種多樣，手法千變萬化，然而卻都遵循一定的法則。陶釋文意，既說變化無窮，亦釋有條不紊，辯證看待，於原文之意有補充闡發之功。

或陰或陽，或柔或剛；或開或閉，或弛或張。

【陶注】此言象法各異，施教不同。

【考說】陶曰"象法"，乃物之外在表現，或陰、陽，或柔、剛，或開、閉，或弛、張，亦皆屬於捭闔之日常表現。針對不同對象，處理的方式方法不同，或捭或闔，隨勢而變。於此亦可見陶有意引《易》作《鬼谷子》之注也。

是故聖人一守司其門户，審察其所先後，

【陶注】政教雖殊，至於守司門户則一。故審察其所宜先者先行，所宜後者後行之也。

【校訂】"一"、"所"字，《意林》引無。

【考說】此言縱橫家以捭闔來背亡趨存，或先捭而後闔，亦或先闔而後捭，或先此或先彼，皆須審察實情而實施。陶注說"政教"，意即爲政治國與施行教化。陶注《鬼谷子》，均落實爲現實國家治理，故而所論更爲具體。舒國裳曰："陰陽之開合，只是一理。聖人守司其門户，不過觀變化之宜。審其理之從違先後，以爲進退而已。理之外，非有加也。"（《諸子匯函》卷六）舒說以爲此句僅論策士如何進退，非關國家也，立足點與陶有異。然其說亦有理。

度權量能，校其伎巧短長。

【陶注】權謂權謀,能謂才能,伎巧謂百工之役。言聖人之用人,必量度其謀能之優劣,校考其伎巧之長短,然後因材而任之也。

【校訂】陶注"能謂才能"之"才",勞權校改作"材"。

【考說】此句實乃言運用捭闔之法,必據對象之才能、技巧而靈活對待。陶說此句乃聖人使人用人之法,與本意偏離,未爲允當。

夫賢不肖、智愚、勇怯有差,乃可捭,乃可闔;乃可進,乃可退;乃可賤,乃可貴。無爲以牧之。

【陶注】言賢不肖、智愚、勇怯材性不同,各有差品。賢者可捭而同之,不肖者可闔而異之;智之與勇可進而貴之,愚之與怯可退而賤之。賢愚各當其分,股肱各盡其力。但恭己無爲牧之而已矣。

【校訂】"勇怯"後,原衍"仁義"二字。俞樾曰:"'仁義'二字與賢不肖、智愚、勇怯不一律,蓋衍文也。"並引陶注所據本無"仁義"二字爲證。陳乃乾《鬼谷子校記》亦云:"繆(荃孫)曰:'仁義'二字疑衍。與賢不肖、智愚、勇怯不同,注亦未及。"這裏從俞樾、繆荃孫說,刪"仁義"二字。

【考說】此言倡縱橫,行捭闔,必欲與世人打交道。而世人品格各異,勇怯有差,故欲用人,必分清其性質,摸準其能力,然後以無爲之道待之。即依自然品性去進用或黜退。楊慎曰:"智愚、賢不肖有差者,虛實之衡先定也。乃可捭、乃可闔云者,始得開闔以查人之情實也。於是賢智進之、貴之,愚不肖退之、藏之,此無爲以牧之道也。"

審定有無與其實虛,隨其嗜欲以見其志意。

【陶注】言任賢之道,必審定其材術之有無、性行之虛實,然後隨其嗜欲而任之,以見其志意之真僞也。

【校訂】與,《道藏》本、乾隆本、《百子全書》本作"以"。

【考說】此言運用捭闔之理,或開或闔,以探對方之虛實或志意。《鬼谷子》強調行事之前務必得情。捭闔即爲得情之法。下文即轉言運用捭闔打探訊息。陶説"任賢之道"，以捭闔之道識人用人，探其真僞，意在其中。但本意非言用人。

微排其所言而捭反之，以求其實，貴得其指；闔而捭之，以求其利。

【陶注】凡臣言事者，君則微排抑其所言，撥動而反難之，以求其實情；實情既得又自閉藏而撥動彼，以求其所言之利何如耳！

【校訂】（日）皆川愿云："貴，當作實。"俞樾云："'貴'字乃'實'字之誤。上云'以求其實'，此云'實得其指'，兩文相承。陶注但曰'實情既得'而不解'貴'字，其所據本未誤也。"皆川愿、俞樾説誤。

【考説】此句言運用捭闔之理，以求得對方實情，因而得利。針對對方之言而用捭闔，貴在得對方之情。得情則己方有針對性措施，因而得利。陶説以爲君對臣施捭闔之術，以明臣欲得之利何如，未免片面。

或開而示之，或闔而閉之。開而示之者，同其情也；闔而閉之者，異其誠也。

【陶注】開而同之，所以盡其情；闔而異之，所以知其誠也。

【校訂】自"或開而示之"至此，俞棪以爲錯簡，當在"捭之者，料其情也；闔之者，結其誠也"下。可參。

【考説】此言己方與對方實情相同則開而示之，對方不願以實情相告則己方亦不告以實情，即閉而闔之。自上下文看，陶注仍以此爲君判斷臣是否與己同心之語。若臣與己同心，則坦然相告己情，謀求共事。若不同心，則己闔而不告以實情，亦從此可知臣之內心所向。陶説就君臣關係立論，未免片面，未盡此句本意。然陶説從雙方立論，以辯證觀點作解，亦合捭闔之法。

可與不可，審明其計謀，以原其同異。

【陶注】凡臣所言，有可有不可，必明審其計謀以原其同異。

【校訂】審明其計謀，俞樾云："此本作'明審其計謀'。"陶注"凡臣所言"之"臣"，《道藏》本、嘉靖鈔本作"有"。

【考説】此句言己方與對方能不能心意相通，關鍵在於察知對方計謀所達到的目標與己方是否一致。陶説承上文君臣關係言。君對臣之言，必審量而後決之。對臣所言，必察其計謀爲何，以推原其是否與己相合也。陶説未盡此句本意。

離合有守，先從其志。

【陶注】謂其計謀，雖離合不同，但能有所執守，則先從其志以盡之，以知成敗之歸也。

【校訂】"可與不可，審明其計謀，以原其同異。離合有守，先從其志"句，俞樾以爲錯簡，當在"隨其嗜欲以見其志意"下。僅供參考。

【考説】從，縱也。此言是離是合須等待，先縱容其志以盡之，然後適時而動。對方計謀之前，己方先按兵不動，以靜制動，先縱容對方行事，然後控制他。此鄭伯克段之法也。陶説依君臣關係爲説，意謂君雖知臣與己計謀不同，然君且不動，從臣之志，待臣盡施其謀，然後據結果而斷成敗也。如此，君待臣有法家之術也，亦有鄭伯克段之意。

即欲捭之貴周，即欲闔之貴密。周密之貴微，而與道相追。

【陶注】言撥動之，貴其周遍；閉藏之，貴其隱密。而此二者，皆須微妙合於道之理，然後爲得也。

【校訂】秦恩復校云："《文選注》引云'即欲聞之貴密，密之貴微'。"

【考説】此言運用捭闔之注意事項。用捭之策，貴在考慮周到全面；用闔之策，貴在隱秘不宣。陶説或捭或闔而必合於道，盡得捭闔之意。

捭之者，料其情也；闔之者，結其誠也。

【陶注】料謂簡擇，結謂繫束。情有真僞，故須簡擇；誠或無終，故須繫束也。

【考説】此言用捭使對方開，而得其實情；用闔使己方與對方相合，以示自己誠心。陶説針對君臣之間的關係立論。君臣之間，不得輕易信任。對君而言，臣之情有真僞之分，須加辨別；臣之誠時或無終，須加締結。意在其中，而未與本意全符。

皆見其權衡輕重，乃爲之度數，聖人因而爲之慮。

【陶注】權衡既陳，輕重自分。然後爲之度數，以制其輕重，輕重得所，因而爲設謀慮，使之遵行也。

【校訂】皆，嘉靖鈔本作"既"。陶注"得所"前"輕重"二字原脱。《道藏》本、嘉靖鈔本作"輕重因得所"，而"因"與"得所"乙倒，今據改。

【考説】此言聖人根據對方實際需要的輕重緩急來揣度他的所想，然後再順其所想而爲之設計。陶説從君臣關係立論，"權衡"、"輕重"乃君知臣及任用臣帶來的後果，在此基礎上，爲臣設計，使之爲我所用。此句非僅就君臣關係而言，陶説狹隘。

其不中權衡度數，聖人因而自爲之慮。

【陶注】謂輕重不合於斤兩，長短不充於度數，便爲廢物，何所施哉？聖人因是自爲謀慮，更求其反也。

【考説】此言聖人見機行事，進則爲他人設計，退則爲己設計。陶説"輕重"、"長短"指臣之才能而言，不合"度數"便爲廢物，聖人只能另擇他人，非是。尹桐陽曰："亂世而退隱不仕是聖人之自爲慮者。"尹説若遇亂世，聖人不仕而退隱，此爲"自爲之慮"之意也。縱橫家立論，保全自身乃考慮重心之一。退隱不仕，乃亂世自保之術。尹説合乎旨意。

故捭者，或捭而出之，或捭而内之。

【陶注】謂中權衡者，出而用之；其不中者，内而藏之也。

【校訂】内，《道藏》本作"納"。秦恩復校云："'内'、'納'古通。"

【考説】此言捭之功用。即捭能使對方開而情出，或讓對方開而使己方觀點被接納。陶説捭爲任臣之術，意謂符合己願即用，反之即不用。非得捭之本意。

闔者，或闔而取之，或闔而去之。

【陶注】誠者，闔而取之；不誠者，闔而去之。

【考説】言闔或使己有所獲取，或使己順利躲避禍患。陶説意謂君知臣爲誠，則用闔而合於對方，接納對方，任用之。反之，則關上與之打交道之門，讓你離開。亦未全得闔之本意。

捭闔者，天地之道。

【陶注】闔户謂之坤，闢户謂之乾。故謂"天地之道"。

【考説】此言捭闔之術實質乃天地間大道。爲下文從宇宙生成論角度述捭闔作用張本。陶説僅就字面意義作解，欠深入。

捭闔者，以變動陰陽，四時開閉以化萬物，

【陶注】陰陽變動，四時開閉，皆捭闔之道也。

【校訂】"萬物"後，原有"縱橫"二字。蕭登福校曰："陶弘景在'縱橫'下斷句，將'縱橫'二字屬上讀，今以'以化萬物縱橫'一句不詞，故將'縱橫'二字移於下句，與'反出'連讀。"今改爲下讀。陶注"縱橫"亦移於下。

【考説】此從宇宙生成論之角度來論述捭闔在萬物中之主宰作用。捭闔爲道，道變動陰陽，陰陽化爲四時，四時開閉以化萬物。此宇宙生成圖式爲：道→陰陽→四時→萬物。與《易傳》"太極生兩儀，兩儀生四象，四象生八卦"相類似。陶注未及宇宙生成論,僅言陰陽、四時乃捭闔之表現,意雖不差,然亦與此句主旨乃言捭闔爲萬物之主宰有相當距離。

縱橫反出,反覆反忤,必由此矣。

【陶注】縱橫謂廢起萬物,或開以起之,或闔而廢之。言捭闔之道,或反之令出於彼,或反之覆來於此,或反之於彼忤之於此,皆從捭闔而生。故曰:"必由此也。"

【校訂】俞樾曰:"'反出反忤'四字,衍文也。此文當讀至'萬物'絶句。'四時開閉以化萬物。縱橫反覆,必由此矣',其文甚明。寫者衍'反出反忤'四字,陶氏遂於'横'字絶句。反出、反覆、反忤,並列爲三義,雖曲爲之説,不可通也。"陶注云:"或反之令出於彼,或反之覆來於此,或反之於彼忤之於此,皆從捭闔而生。"則陶所見本已有"反出、反覆、反忤"。俞説可參。

【考説】縱橫,乃對立之雙方。此處爲捭闔之術之具體表現形式。反往復來,反之覆之,順此忤彼,形式雖不同,但均以捭闔之術而行之。陶釋縱橫爲廢起萬物,當承上文宇宙生成萬物思路而來,意與上文亦合。皆川愿曰:"縱橫,即縱橫説之縱橫,非謂廢起也。"尹桐陽曰:"合縱曰闔,連橫反之則曰捭。故云縱橫之反出。"皆川、尹二家以縱橫爲縱橫家或合縱連橫,亦太過具體,然意亦不差。此處縱橫,解爲對立之雙方,意已足够。"反覆"當爲下文"反應"篇,"反忤"當爲下文"忤合"篇。此句指出下文《反應》、《忤合》兩篇立論當以《捭闔》爲基礎也。

捭闔者,道之大化,説之變也,必豫審其變化,

【陶注】言事無開闔則大道不化,言説無變。故開閉者,所以化大道,變言説。事雖大,莫不成之於變化,故必豫審之。

【校訂】"道之大化"之"大",疑衍。俞樾曰:"'道之化,説之變',相對成文。注云:'言事無開闔則大道不化,言説無變。故開閉者,所以化大道,變言説。'注中'大'字乃陶氏加以足句,正文本無'大'字。猶言説

之'言',亦陶氏加以足句。正文本無'言'字也。正文大字即涉注文而衍。"

【考說】道之化,意即捭闔乃陰陽之道最重要的表現形式。說之變,意即游說中變化擒縱,都依於捭闔之理。此句意謂捭闔乃使游說能千變萬化,并能預測到種種變化,故欲游說成功,必先掌握捭闔之術。陶說大道之化亦須捭闔才可實行,顛倒了次序。捭闔乃大道之表現形式,大道永恒不變,非待捭闔也。

吉凶大命繫焉。

【陶注】天命,謂聖人稟天命,王天下,然此亦因變化而起,故曰"吉凶大命繫焉"。

【校訂】此句及陶注,《道藏》本、《品匯釋評》本、《諸子匯函》本、乾隆本皆脫。皆川本作"吉凶繫焉"。

【考說】此言命運或吉或凶,均由捭闔所掌控,均與能否靈活運用捭闔之術有關。陶說依現實政治立論,以爲聖人王天下之責任乃由捭闔所致變化而起,吉凶大命繫於捭闔,雖片面,然意亦在其中。

口者,心之門户也;心者,神之主也。

【陶注】心因口宣,故曰"口者,心之門户也";神爲心用,故曰"心者,神之主也"。

【考說】古人以心爲思維器官,思慮由心產生。《孟子·告子上》曰:"心之官則思,思則得之,不思則不得也。"《荀子·解蔽》亦曰:"心者,形之君也,而神明之主也,出令而無所受令。"心中所想,皆由口出,故曰"口者,心之門户"。陶注合於古義。主,尹桐陽釋曰:"主,住也。"神之主,即神住心中。亦通。

志、意、喜、欲、思、慮、智、謀,此皆由門户出入。

【陶注】凡此八者,皆往來於口中,故曰"皆由門户出入"也。

【校訂】秦恩復校云:"《意林》作'智謀皆從之出'。"

【考説】出入,表達出來。志、意、喜、欲、思、慮、智、謀皆由口表達出來,故曰"出入"。陶説將志與意、喜與欲、思與慮、智與謀分開,而言八者產於心而出於口,於義亦合。

故關之以捭闔,制之以出入。

【陶注】言上八者,若無開閉,事或不節,故"關之以捭闔者,所以制其出入"。

【考説】此言以捭闔之術來駕馭口之出入,就能達到有效控制之目的。陶説志、意、喜、欲、思、慮、智、謀八者,皆由捭闔控制,合於本意。

捭之者,開也,言也,陽也;闔之者,閉也,默也,陰也。

【陶注】開言於外,故曰"陽也";閉情於內,故曰"陰也"。

【考説】就游説而言,捭即開口而言,闔即閉口沉默。開口為陽,閉口為陰。此下言運用捭闔之術指導游説。陶説闔為閉情,於義亦通,然未言及有沉默之意,亦為偏頗之解。

陰陽其和,終始其義。

【陶注】開閉有節,故陰陽和;先後合宜,故終始義。

【考説】和,調和。此言捭闔使用合宜適度,自始至終,事情均在掌控之中,最終獲得成功。陶説正得其旨趣。

故言長生、安樂、富貴、尊榮、顯名、愛好、財利、得意、喜欲,為"陽",曰始。

【陶注】凡此皆欲人之生,故曰陽、曰始。

【校訂】尊榮、顯名：一本作"榮顯、名譽"。嘉靖鈔本作"尊榮顯名譽"，"譽"當爲衍文。陳乃乾《校記》引繆小珊説："兩節皆四字句，'名'下脱二字。如以'榮顯名譽'爲句，則'富貴尊'三字不可解。"繆説以四字爲句，則名下似有脱字；若以二字爲句，似無脱字。

【考説】陶説以"皆欲人之生"釋"陽"，未免狹隘。上所舉長生、安樂、富貴、尊榮、顯名、愛好、財利、得意、喜欲，爲"陽"，陽代表積極進步的趨向。舉凡積極有利於己方者皆爲陽，非僅指長生也。此處可見《鬼谷子》倡導積極的人生態度，並以獲得這些功名利祿爲人生活動的出發點。此種人生態度後成爲縱橫家之指導思想。蘇秦、張儀皆如此。

故言死亡、憂患、貧賤、苦辱、棄損、亡利、失意、有害、刑戮、誅罰，爲"陰"，曰終。

【陶注】凡此皆欲人之死，故曰陰、曰終。

【考説】陶説以"皆欲人之死"釋"陰"，未免狹隘。上所舉死亡、憂患、貧賤、苦辱、棄損、亡利、失意、有害、刑戮、誅罰，爲"陰"，陰代表倒退與死亡，爲縱橫家所竭力避免。舉凡消極不利於己方者皆爲陰，非僅死亡也。

諸言法陽之類者，皆曰始，言善以始其事；諸言法陰之類者，皆曰終，言惡以終其謀。

【陶注】謂言説者，有於陽言之，有於陰言之，聽者宜知其然也。

【考説】善，言對方的優點或優勢的一面；惡，言對方的缺點或劣勢的一面。此言縱橫策士在游説中如何控制他人。其一，可用捭術，言對方優點一面，引誘對方而爲己所用；其二，可用闔術，言對方缺點或忌諱的一面，以威嚇對方，使之不做不利於己之事，來終結其計謀。陶説未及陰陽之具體所指，未達旨意。

捭闔之道,以陰陽試之。

【陶注】謂或撥動之,或閉藏之。以陰陽之言試之,則其情慕可知。

【考説】此言捭闔之使用,要依據或陰或陽之實際而定。陶釋"陰陽"爲"陰陽之言",與上下文言言説者相通。尹桐陽釋曰:"道,言也。試,用也。"則以捭闔之道爲捭闔之言,因此已涉游説,意亦通。然陶説較尹説爲長。

故與陽言者,依崇高;與陰言者,依卑小。

【陶注】謂與陽情言者,依崇高以引之;與陰情言者,依卑小以引之。

【考説】崇高、卑小,言人物品格高尚、低下。此將游説人物的品格分爲崇高、卑小,崇高即説以陽言,卑小則説以陰言。陶説陽情、陰情,涵義籠統,未明所指,且未落實到從人性角度作解,於義未洽。尹桐陽曰:"此陽、陰斥人性情而言。"尹説於義爲勝。

以下求小,以高求大。

【陶注】陰言卑小,故曰"以下求小";陽言崇高,故曰"以高求大"。

【考説】此言順應人性之特點而去游説。下、小皆爲陰,高、大皆爲陽。此以陰求陰、以陽求陽也。下文則言以陰求陽,或以陽求陰也。於此可見,陰陽捭闔之靈活變化。陶説陰言爲下、陽言爲高,乃就上文文意而解,而未達以陰求陰、以陽求陽之意也。於義未洽。

由此言之,無所不出,無所不入,無所不可。

【陶注】陰陽之理盡,小大之情得,故出入皆可。出入皆可,何所不可乎?

【校訂】無所不可,《道藏》本作"無所不言可","言"字疑衍。此句陶注,《百子全書》本、皆川本誤爲正文。

【考説】此言順應以陰求陰、以陽求陽之法而游説,則策士或進或退,無所不可。陶説以"小大之情得"而"出入皆可",意亦通。然未及以陰求陰、以陽求陽之法,意有偏頗。

可以説人,可以説家,可以説國,可以説天下。
【陶注】無所不可,故所説皆可也。
【考説】此言以陰求陰、以陽求陽之法而游説,對不同之人按其人性特點去游説,就可以游説大夫、諸侯甚至天子。陶説"無所不可",引正文作解,意亦合乎本意。

爲小無内,爲大無外。
【陶注】盡陰則無内,盡陽則無外。
【考説】此言以陰求陰、以陽求陽之法而游説亦須辯證地對待。因小有無窮小,大有無窮大。雖陰亦不能無窮陰,雖陽亦不能無窮陽。針對具體情況,適可而止,或變動陰陽以待之。爲下文陰陽變動設伏,閃耀著鬼谷子辯證思想光芒。陶注正合本意。

益損、去就、倍反,皆以陰陽御其事。
【陶注】以道相成曰益,以事相賊曰損。義乖曰去,志同曰就。去而遂絶曰倍,去而復來曰反。凡此不出陰陽之情。故曰"皆以陰陽御其事"也。
【考説】倍,同"背"。此處益損、去就、倍反皆爲對立之雙方。卑、小皆爲陰,高、大皆爲陽,可用陰陽御其事。不僅如此,對立之雙方,如益損、去就、倍反,亦可用陰陽御其事。其法即下文所云之以陽求陰、以陰結陽之法也。陶釋益、就、反爲陽,損、去、倍爲陰,故陶説"不出陰陽之情",合於捭闔之意。然未及對立之雙方亦可用陰陽御其事之意,與此句本意相距較遠。

陽動而行,陰止而藏;陽動而出,陰隱而入;陽還終陰,陰極反陽。

【陶注】此言君臣相成,由陰陽相生也。

【校訂】隱,《道藏》本作"隨"。"陽還終陰"之"陰"字,《道藏》本作"始"。陶注"君臣"二字,《道藏》本作"上下"。下同。

【考説】此亦承上對立之雙方"皆以陰陽御其事"而言,論陰陽之間可相互轉化,爲下文以陽求陰,以陰結陽張本。此處爲論陰陽轉化之理論,非謂君臣,陶注言君臣相成,乃將陰陽關係落實於治國,未合於本意。

以陽動者,德相生也;以陰静者,形相成也。以陽求陰,苞以德也;以陰結陽,施以力也。

【陶注】此言君以爵禄養臣,臣以股肱宣力。

【校訂】苞,陳乃乾《校記》作"包"。陶注"股肱宣力",《校記》作"股肱咸盡其力"。

【考説】此言陰陽互動而生物。陽動生德,德乃物之精。《老子》第五十一章曰:"道生之,德畜之,物形之,勢成之。是以萬物莫不尊道而貴德。"就萬物生成而言,《鬼谷子》意謂陽動而德生,陰静而形成。然陽如何動,求陰而動;陰如何静,結陽而有力,形乃成。萬物皆由陰陽互動而成,此所謂"萬物負陰而抱陽,沖氣以爲和"也。故陰陽互動,乃道之使也。陶説依君臣關係立論,意謂君養臣、臣宣力,於義未合。楊慎曰:"陽開故其用乏,陰閉故其用多。形以動之,力以要之,皆其事也。"楊説亦未及陰陽互動之作用,而言陰陽所用之多寡,亦偏頗矣。

陰陽相求,由捭闔也。

【陶注】君臣所以能相求者,由開閉而生也。

【校訂】陶注"相求者"之"者",陳乃乾《校記》作"事"。

【考説】此言以陽取陰,或以陰取陽,均由捭闔而定,故實施應遵循捭闔之術，非謂君臣之間相互選擇。陶説誤。

此天地陰陽之道，而説人之法也。

【陶注】言既體天地、象陰陽，故其法可以説人也。

【考説】此言捭闔乃天地運行之大道，"陰陽相求"之法，即以陽求陰、以陰結陽之法，乃游説之根本方法。陶説游説體天地，可以説人，未及游説使用"陰陽相求"之法，於義亦遠。

爲萬事之先，是謂圓方之門户。

【陶注】天圓地方，君臣之義也。理盡開閉，然後能生萬物，故爲萬事先。君臣之道，因此出入，故曰"圓方之門户"。圓，君也；方，臣也。

【校訂】陶注"圓，君也；方，臣也"六字，《道藏》本、乾隆本、皆川本脱。

【考説】圓、方，對立之雙方。此總言捭闔乃處理天地間任何對立雙方關係之門户。陶説圓方爲君臣，天圓地方爲君臣之義，乃黄老道家之言。陶弘景乃道教人物，以道家之言釋《鬼谷子》，有利於理解鬼谷先生之義。然此處，將圓方釋爲對立之雙方，更合本意。

反應第二

【題解】

　　反應,反難使之應。策士游説,通過反覆詰難,迫使對方應答,使己方得其真情。《鬼谷子》強調策士縱橫天下之前,必先得天下之情,本篇即爲論得情之術。得情方式多樣,而心爲口宣,從口得情,以游説得情爲縱橫家之首要選擇。故《捭闔》之後,即《反應》之篇也。陶弘景曰:"聽言之道,或有不合,必反以難之,彼因難而更思,必有以應也。"陶説合於本意。尹桐陽曰:"《説文》:'反,覆也。'《爾雅》:'應,當也。'不合者反覆而使之合,其終必歸於當,是謂反應。聖人審慎之至策耳。"尹説未及以口爲探情之媒介,於義較遠。秦恩復曰:"《太平御覽》作《反覆》篇。據本文當作《反覆》。"陶注云"必有以應也",則陶弘景注所據之本作"反應",《道藏》本、乾隆本皆作"反應"。《太平御覽》所引不知何據,今存其説,以備考。本篇結構上由四個部分所組成:

　　首言運用反應術得情乃歷史流傳下來之經驗。《鬼谷子》強調要善於總結吸取歷史經驗,欲得對方實情,務必先回到同類的歷史事實中去尋求,從歷史中吸取智慧。所謂"反以觀往,覆以驗來",吸取古代經驗處理今日之問題。"動静虛實之理,不合於今,反古而求之",現實中無法覓到解決問題的辦法,則須從歷史中尋找。

　　次言運用反應術當辯證地看問題。因爲任何事物都有"陰陽",也都有反覆。反,謂反觀對方;覆,謂審察自己。反,反過來站在對方立場看問題;覆,從站在對方立場看問題後,再審察自己現在的做法。如果要探悉對方實情(即知彼),制定對應的策略,必須要從正反兩個方面來看問題，經過多次反復驗證，方能成功。

　　又次言反應術之使用方法。反應之術，須結合運用捭闔理論，采用多種手法使對方"開"，一旦對方"開"，即用"以象動之"之"鈞"術，具體爲用"比"的修辭手法，與"象"之象徵手法，通過運用形象化的文藝手段與增加言辭的藝術感染力的方式來打動對方。如此，可得對方實情。而己方則不開情示人，此爲守"闔"之道。

　　最後言反應術使用之注意事項。得情，即知彼。《鬼谷子》強調"知彼"是建立在"知己"的基礎之上，認爲只有先自知而後知人，己方如果不先對自我有準確的認知，則不能認識和駕馭對方。如此觀念，與《鬼谷子》強調的類推思想有關。

　　古之大化者，乃與無形俱生。

　　【陶注】大化者，謂古之聖人以大道化物也。無形者，道也。動必由道，故曰"無形俱生"也。

　　【考説】大化，即混沌初開，陰陽變化以生天地，化育萬物的自然界生成與變化過程。《鬼谷子》依聖人立論，以爲這一過程爲聖人所掌控，故以聖人指代大化。聖人爲上帝，爲天地萬物之造物主，故能與無形之道俱生。陶説大化爲聖人以大道化物，亦通。尹桐陽曰："聖人以大道化物，因名聖人曰大化。《捭闔》篇曰：'捭闔者，道之大化。'《本經陰符七篇》曰：'造化者，亦謂大化。'"尹説合於本意，並引他篇佐證，於義有所發明。

　　反以觀往，覆以驗來；反以知古，覆以知今；反以知彼，覆以知己。

　　【陶注】言大化聖人，稽衆舍己，舉事重慎，反覆詳驗。欲以知來，先以觀往；欲以知今，先以考古；欲以知己，先度於彼。故能舉無遺策，動必成功。

　　【校訂】己，嘉慶本訛爲"此"。陶注云"欲以知己，先度於彼"，則陶注本作"己"。下文云"己反往,彼覆來",則"己"與"彼"對言。故作"己"是,今據改。

【考說】此言反應之術乃通過考察已往,預知將來,在知己基礎上,遍知一切事物的總方法。因爲相似的社會背景與相近的環境條件下的社會事件,有著質上的一致性和類同性,這樣便可以古推今,對自然事物或社會事件加以認識。陶說"欲以知來,先以觀往;欲以知今,先以考古;欲以知己,先度於彼",深得"反應"之意。俞棪曰:"《老子》曰:'反者,道之動。'又曰:'萬物並作,吾以觀復。'此反復之說之所由本也。又《墨子》引古語曰:'謀而不得,則以往知來,以見知隱。'此觀往驗來之義也。"俞說提供了戰國時期的學術思想,給理解《鬼谷子》提供了佐證。

動靜虛實之理,不合於今,反古而求之。

【陶注】動靜由行止也,虛實由真偽也。其理不合於今,反求諸古者也。

【校訂】於,《道藏》本作"來"。

【考說】此言探查對方信息之總原則。現實生活中各種現象之動與靜、虛與實,如果用今天的思路或辦法難以考察明白,就返回到古代,用歷史上的類似事件、類似事物之規律和本質來推知。陶說動靜由行止決定,虛實由真偽決定,其理不合於今,反古而求,於本意亦有所補充。

事有反而得覆者,聖人之意也,

【陶注】事有不合,反而求彼,翻得覆會於此,成此在於考彼,契今由於求古,斯聖人之意也。

【考說】覆,回復。事有不合者,從其反面而求之,必有回復。因"反者,道之動",故事有反則必得回覆。聖人體道,故曰聖人之意。此亦有以聖人之意,強化有反必得覆之意。陶說事有反必得覆,乃聖人之意,正合本意。

不可不察。

【陶注】不審則失之於幾,故"不可不察"也。

【考說】此強調用"反"術之重要性。策士必察反必有應,然後縱橫天下。陶說意亦如此。

人言者,動也;己默者,靜也。因其言,聽其辭。

【陶注】以靜觀動,則所見審;因言聽辭,則所得明。

【校訂】《意林》引《鬼谷子》曰:"人動我靜,人言我聽。"疑是此句脫文。

【考說】此言反應術在游說中的運用。對方言則爲動,己方默則爲靜。順其言辭而得對方之情。陶注亦從得情作解,於義有補。

言有不合者,反而求之,其應必出。

【陶注】謂言者或不合於理,未可即斥,但反而難之,使自求之,則契理之應,怡然自出也。

【考說】此言反應得情之法。"不合者"一般有三:其一,對方言辭所露信息與己方所要得到的信息不合,則反而求之;其二,說者言辭前後不一,令己方無從知曉其本意,故抓住其言辭矛盾之處反問論難之,其情必出;其三,說者所言與其一貫主張不合,呈現矛盾,令己方不知對方實情,故返回而詰難之,其情也必出。陶說此爲論辯中服人之法,解言辭不合於理,則反而應之,亦通。尹桐陽曰:"求同仇,合也。應,當也。不合者,反而求其合,終必至於當,故云'應必'。"尹說"反"非反復問難之意,與本意未合。

言有象,事有比,其有象比,以觀其次。

【陶注】應理既出,故能言有象,事有比。前事既有象比,更當觀其次,令得自盡。象謂法象,比謂比例。

【校訂】"其有象比"之"其",俞樾云:"當作'既'。注云:'前事既有象比,更當觀其次。'是其所據本作'既有象比'。"

【考説】言有象,即言語可以表達形象,並通過言語流布在外的訊息察知其意圖。故象,一曰形於外者,此就對方所言。言有象,即言語一旦説出來,訊息即流布於外;二曰形象,此就己方而言。游説時,爲了讓對方容易理解並接受自己的主張,可先設象,以通俗易懂的方式表達出來。此方式亦可謂之象徵。比,一曰比喻,打比方;二曰模擬,以歷史上或現實中同類事理作模擬。《戰國策》中的寓言故事即屬此類。《鬼谷子》立論僅就原則而言,針對實際情況,千變萬化,不可拘泥作解。陶釋"象"爲法象,乃就《易》解之,"比謂比例",即以比爲例,意亦近是。

象者象其事,比者比其辭也,以無形求有聲。

【陶注】理在玄微,故無形也。無言則不彰,故以無形求有聲。聲即言也,比謂比類也。

【考説】運用象、比手法游説,能在無形之中得到對方的實情。象、比手法,皆不直説,其實情隱於背後,故曰無形。對方有應,則爲有聲。陶説以外在之言求隱微之理,非謂得情之法,於本意未合。

其鈎語合事,得人實也。

【陶注】得魚在於投餌,得語在於發端。發端則語應,投餌則魚來。故鈎語則事合,故曰"合事"。明試在於敷言,故曰"得人實也"。

【校訂】陶注"故鈎語則事合,故曰合事",《道藏》本、乾隆本皆作"故曰鈎語。語則事合,故曰合事"。則"鈎"字前脱"曰"字,後脱"語"字。

【考説】此言"反而求之"之法,即像鈎魚投餌一樣,遇有對方言辭不合於己之需求,乃以反難之辭作鈎餌,去引發其言説,從而得其真情。陶釋鈎語,強調用餌,以先投餌而得魚喻先發端而後得應語,強調言説之前的話語設計,深得本意。尹桐陽曰:"以語言而取得人實,如鈎之得魚然,故云'釣語'。"尹說意亦同陶。俞樾曰:"'釣語'謂人所隱藏不出之言,以術釣而出之,若孟子所稱'以言餂'、'以不言餂',皆是矣。"俞說釣語,乃謂用術釣之,強調用鈎,而與陶強調用餌不同。陶、俞二說可互相發明。

其猶張罝網而取獸也。多張其會而司之,道合其事,彼自出之,此釣人之網也。

【陶注】張網而司之,彼獸自得。道合其事,彼理自出。言理既彰,聖賢斯辨,雖欲自隱,其道無由。故曰"釣人之網"也。

【校訂】"其猶張罝網"之"其"字下,《道藏》本脫"猶"字。

【考說】此言以象比手法言說,就類似在野獸聚集的地方多下機張網等待取獸一樣,只要使用得當,對方實情必出而爲我得。陶說以"得理"爲重,而非謂"得情",於文意未合。

常持其網驅之,其不言無比,乃爲之變。

【陶注】持釣人之網,驅令就職事也。或乖彼,遂不言無比,如此則爲之變。變常易網,更有以象之者矣。

【校訂】"常持其網"下,陳乃乾《校記》有"而"字。"其不言無比",《道藏》本脫"不"字。陶注曰:"或乖彼,遂不言無比,如此則爲之變。"則陶注本原有"不"字。陶注"更有以象之者"之"象",《道藏》本作"勇",乾隆本作"動"。

【考說】無比,即沒有用來作類比推理的信息。高金體曰:"其不言無比者,彼人猶不相應也。"此從無比後果言。尹桐陽曰:"無比則彼情不能見。"尹從目的來立論。此言正常情況下,持釣人之網駕取對方,若遇對方沉默不言,或其言辭中沒有用來作推理、類比的訊息,就要變化談論的方式,利用更形象更貼切的語言來釣對方。陶說持網驅令職事,未及得情,欠妥。

以象動之，以報其心，見其情，隨而牧之。

【陶注】此言其變也。報猶合也，謂更開法象以動之，既合其心，則其情可見，因隨其情慕而牧養之也。

【校訂】陶注"報猶合也"之"猶"，陳乃乾《校記》作"由"。

【考説】此言通過形象化的語言來打動對方，對方因受感動而顯出真情，掌握對方真情後進而駕馭對方。陶説以象比之法爲得情之術，已觸及到本意。

己反往，彼覆來，言有象比，因而定基。

【陶注】己反往以求彼，彼必覆來而就職，則奇策必申。故言有象比，則口無擇言，故可以定邦家之基也。

【考説】"己反往，彼覆來"者，言我們發出揣測言辭，對方應答，如此多次反復。"言有象比，因而定基"者，言對方應答之辭中有事物形象，有同類可比照之事物，可以因此而確定對方的行動意圖，己方也因此能確定應對之策略。此句上下文俱言揣情試探，言辭交鋒，不當言"就職"、"定邦家之基"等，陶説誤。尹桐陽曰："基，謀也。"尹説合於本意。

重之襲之，反之覆之，萬事不失其辭。

【陶注】謂象比之言，既可以定基，然後重之襲之，反之覆之，皆謂再三詳審，不容謬妄。故能萬事允愜，無復失其辭也。

【考説】此言反應術之作用。運用反應術，反復試探，萬事萬情都可用此法偵知。陶説以象比之言爲得情之法，已得要領。高金體曰："重之襲之，反之覆之，多變以求，牧之審也。"高説强調反應術之關鍵在於反復論難，於義亦合。

聖人所誘愚智，事皆不疑。

【陶注】聖人誘愚則閉藏以知其誠，誘智則撥動以盡其情。咸得其實,故事皆不疑也。

【考説】尹桐陽曰:"不疑,謂不亂。"此言反聽之法可用於任何人及事,都不會有差錯。陶説誘愚則以闔,誘智則以捭,乃結合首篇《捭闔》論之,甚得鬼谷本意。

故善反聽者,乃變鬼神以得其情。

【陶注】言善反聽者,乃坐忘遺鑒,不思玄覽。故能變鬼神以得其情,洞幽微而冥會。夫鬼神本密,今則不能,故曰"變"也。

【考説】變鬼神:意謂像鬼神一樣千變萬化。此言反聽術之要領,即變換各種手法,製造各種表象,發出多種言辭去試探對方,以撥動對方心弦,使對方開口説話,而得其真情。陶説反聽,牽涉坐忘、玄覽,乃以道家莊子之學解之,於本意無涉。

其變當也,而牧之審也。

【陶注】言既變而當理,然後牧之之道審也。

【考説】此言只要反應之術運用變化得當,即可隨意駕馭對方。陶説是。

牧之不審,得情不明;得情不明,定基不審。

【陶注】情明在於審牧,故不審則不明;審基在於情明,故不明則不審。

【考説】此言"牧之"、"得情"、"定基"之間的邏輯關係。揣情目的是爲了偵測得到對方真情,摸準對方意圖,爲己方決策奠定基礎。揣情所用之反聽之法,其試探手法首先要對路,此所謂"牧之審";手法正確,才能得悉真情,此所謂"得情明";掌握對方情況之後,制定應對策略,此所謂"定基審"。陶説亦從此三者關係入手作解,於義有補。

變象比，必有反辭，以還聽之。

【陶注】謂言者於象比有變，必有反辭以難之，令其有言，我乃還靜以聽之。

【校訂】陶注"令其有言"之"有言"，《道藏》本作"先説"。

【考説】此言在游説時，根據需要變換言辭所言之事物形象與類比事物，對方因此變化而作反應，從所聽之反饋信息中獲取對方真情。陶説甚是。

欲聞其聲反默，欲張反歛，欲高反下，欲取反與。

【陶注】此言反聽之道，有以誘致之，故欲聞彼聲，我反靜默；欲彼開張，我反瞼歛；欲彼高大，我反卑下；欲彼收取，我反施與。如此則物情可致，無能自隱也。

【校訂】"欲張反歛"之"歛"，《道藏》本作"瞼"。

【考説】此爲反聽之術中之"反引法"，即運用陰陽之道，以陰求陽，以陽接陰，辯證地去對待，與《捭闔》篇相通。陶説是。俞棪曰："《老子》曰：'將欲歛之，必固張之；將使弱之，必固強之；將欲廢之，必固興之；將欲奪之，必固與之。是謂微明。'微明者，高下取與之道也。又按《韓非子》引《周書》曰：'將欲敗之，必姑輔之；將欲取之，必姑與之。'此鬼谷與老子學説之所由本也。"俞説爲理解本句提供了參考。

欲開情者，象而比之，以牧其辭。同聲相呼，實理同歸。

【陶注】欲開彼情，先設象比以動之，彼情既動，將欲生辭，徐徐牧養，令其自言。譬猶鶴鳴於陰，聲同必應，故能實理相歸也。

【考説】象而比之，即在引辭中描繪事物形象，設置同類事物作比，以引發對方。此爲反聽之術中之"正引法"。即暗中揣摩對方在這種情況下，在這種環境中，會如何想如何做，而己方在引誘之辭中，用形象、類比手法把他的想法及設計表達出來，引誘啓發其説出真情。然後在此基礎上，再做進一步誘導，使其感到與己同心，引爲知己，己方能駕馭對方。同聲則應，同理則歸。這裏有蛙鳴鳖應，類自相從之理。反映了鬼谷學說與陰陽家之間有著密切關係。陶注亦曰"猶鶴鳴於陰，聲同必應"，甚是。

或因此，或因彼，或以事上，或以牧下。
【陶注】謂所言之事，或因此發端，或因彼發端，其事有可以事上、可以牧下也。
【考説】此言反聽之法當靈活運用。陶説是。

此聽真僞，知同異，得其情詐也。
【陶注】謂真僞、同異、情詐，因此上事而知也。
【考説】尹桐陽曰："情，誠也。"言反聽之法可以辨別真僞，知悉同異，識別真誠與僞詐。陶説是。

動作言默，與此出入，喜怒由此以見其式。
【陶注】謂動作言默莫不由情，與之出入。至於或喜或怒，亦由此情以見其式也。
【考説】此言用反聽之法，對方行動或停止，言說或静默，内心喜怒哀樂，無論與己合或不合，都能按規範掌控。尹桐陽曰："'動'、'作'對言，'作'當同'乍'，止也。此斥反聽。"尹釋"作"爲"止"，動作，即行動與停止。與下文"言默"、"喜怒"皆爲對言，深得《捭闔》之意，於義有補。

皆以先定爲之法則。
【陶注】謂上六者，皆以先定於情，然後法則可爲。
【考説】先定，言自己要先做好準備。此言反聽之法，要以己方先定然後才可實施。此爲鬼谷學說之根本原則。陶說"先定"爲"先定於情"，然後可爲。亦通。

以反求覆，觀其所託，故用此者。

【陶注】反於彼者，所以求覆於此。因以觀彼情之所托，此謂信也。知人在於見情，故言用此也。

【考説】此言在反復試探、揣摩中，要觀察清楚對方言辭中的真情。陶説"觀情所托爲信"，於義未合。

己欲平静以聽其辭，察其事，論萬物，別雄雌。

【陶注】謂聽言之道，先自平静，既得其辭，然後察其事，或論序萬物，或分別雄雌也。

【校訂】雄雌，陳乃乾《校記》作"雌雄"。下注同。

【考説】此言聽言之道，先須己方内心平静，然後聽辭、察事、論物也。陶説是。

雖非其事，見微知類。

【陶注】謂所言之事，雖非時要，然觀此可以知彼，故曰"見微知類"也。

【校訂】陶注"可以知彼"之"彼"，《道藏》本作"微"。

【考説】見微知類，從事物的細微迹兆，認識其類別、實質和發展。"見微知類"推理術的關鍵是"明類"，即準確判斷"所見"之"微"與所推之事是否爲同類，若類同，推出之結果便爲必然。所以，即使不是同一事物，只要是同類便可推理。陶説"觀此知彼"，亦及類推之術，合於文意。

若探人而居其内，量其能射其意，符應不失，如螣蛇之所指，若羿之引矢。

【陶注】聞其言則可知其情。故若探人而居其内，則情原必盡。故量能射意，萬無一失，若合符契。螣蛇所指，禍福不差；羿之引矢，命處輒中。聽言察情，不異於此，故以相況也。

【考説】螣蛇，傳説中的神蛇，想去哪即興雲霧而游。螣蛇所指，禍福不差，所應皆靈。羿，古之善射者。傳説有三：一即夏有窮國之國君，因夏民以代夏政。後不修民事，爲寒浞所殺。《左傳·襄四年》云："昔有夏之方衰也，后羿自鉏遷于窮石，因夏民以代夏政。恃其射也，不修民事。"二爲堯時射落九日之羿。《楚辭·天問》云："羿焉彈日？"《淮南子·本經訓》："堯之時，十日並出，焦禾稼，殺草木而民無所食。猰貐、鑿齒、九嬰、大風、封豨、修蛇，皆爲民害。堯乃使羿誅鑿齒於疇華之野，殺九嬰於凶水之上，繳大風於青丘之澤，上射十日而下殺猰貐，斷修蛇於洞庭，禽封豨於桑林。萬民皆喜。"三爲帝嚳的射官，《説文解字》云："羿，帝嚳射官，夏少康滅之。"這裏以螣蛇、后羿所驗之準確爲喻，説反聽之法探人居内，量能射意，從無有失。陶説是。

故知之始己，自知而後知人也。

【陶注】知人者智，自知者明。智從明生，明能生智，故欲知人，先須自知也。

【考説】此言重在"知己"，《孫子兵法》云："知彼知己者，百戰不殆。"陶説"智從明生，明能生智"，於義有補。

其相知也，若比目之魚；其見形也，若光之與影。

【陶注】我能知彼，彼須我知，必兩得之，然後聖賢道合，故若比目之魚；聖賢合則理自彰，猶光生而影見也。

【校訂】"其相知也，若比目之魚；其見形也，若光之與影"句，《太平御覽》引作："《反覆》篇云：'其和也，若比目魚；其司言也，若聲與響。'"

【考説】比目魚，魚各一眼，須兩兩并行方能生存。有光才有影，影隨光動。比目魚與光影相隨皆爲比喻，説明自知而後知人則輕而易舉。

陶說自知而後知人乃聖賢之道，非是。

其察言也不失，若磁石之取鍼，如舌之取燔骨。

【陶注】以聖察賢，復何所失。故若磁石之取鍼，舌之取燔骨也。

【校訂】燔，陳乃乾《校記》作"蹯"。

【考說】《呂氏春秋·精通》曰："慈（磁）石召鐵，或引之也。"則戰國時人已知磁石吸鐵之特性。燔骨，烤得爛熟的骨頭。舌取燔骨，喻易得而不失。此言自知之後，察他人之言，得他人之情，如磁鐵取鍼、舌之取骨一樣易得而不失。陶說"以聖察賢"如磁石取鍼，非是。

其與人也微，其見情也疾，

【陶注】聖賢相與，其道甚微；不移寸陰，見情甚疾。

【考說】與人，指己方給對方訊息。見情，指知見對方實情。此言自知之後，己方給對方少，而得到對方回報多而快。陶說聖賢之間相合，則見情迅疾，意在其中，然未免狹隘，未盡此句全意。

如陰與陽，如圓與方。

【陶注】君臣之道，取類股肱，比之一體，其來尚矣。故其相成也，如陰與陽；其相形也，猶圓與方。

【校訂】此句《道藏》本作："如陰與陽，如陽與陰；如圓與方，如方與圓。"

【考說】陰與陽，圓與方，皆相對應。這裏當泛指一切事物。此言自知之後，實施游說或進行計謀，像陰陽無處不在那樣可以對任何人和事運用它，而它又像畫圓畫方需用規和矩那樣在使用時應遵循一定的規則。陶說圓方爲君臣，故曰君臣之道。又以爲此論君臣關係，意在其中，而未盡其意。

未見形，圓以道之；既見形，方以事之。

【陶注】謂臣向晦入息，未見之時，君當以圓道導之，亦既出潛離隱，見形之後，即以才職任之。

【校訂】道，勞權校改作"導"。陶注"臣向晦入息"之"向"，勞權校改作"嚮"。"即以才職任之"之"才"，陳乃乾《校記》作"方"。《道藏》本、乾隆本陶注無"臣"、"君"二字。

【考説】"道"同"導"，引導。《本經陰符七篇》曰："圓者所以合語，方者所以錯事。"圓，説一些投合對方的話。方，按規矩行事。此言如果未見對方實情，則説一些投合對方的話，以引導他露出實情；如果已經得到對方實情，則按照己方已經設計好的對策去行事。陶説以君臣關係立論，以爲臣隱之時當引導而出，既出，則任之。意在其中，而未盡其意。

進退左右，以是司之，

【陶注】此言用臣之道，或升進，或黜退，或貶左，或崇右。一準上圓方之理。故曰"以是司之"。

【考説】此言游説或謀略之進退須以圓方之道作準則。進退、左右皆指方位。陶説依君臣之道立論，解左爲貶遷官員，釋右爲提拔任用，失於牽強。

己不先定，牧人不正。

【陶注】方圓進退，己不先定，則於牧人之理，不得其正也。

【考説】此言己先定之重要性。己不先定，則無法駕馭他人也。陶説是。

事用不巧，是謂忘情失道。

【陶注】用事不巧，則操末續顛，圓鑿方枘，情道兩失，故曰"忘情失道"也。

【校訂】忘，陳乃乾《校記》作"亡"。

【考說】此言如果未能做到己先定而倉促行事，那麼就是忘記規則違背規律，其事則必敗。陶説是。

己審先定以牧人，策而無形容，莫見其門，是謂天神。

【陶注】己能審定，以之牧人。至德潛暢，玄風遠扇，非形非容，無門無戶。見形而不及道，日用而不知故，謂之天神也。

【校訂】己審先定以牧人，俞樾曰："此本作'己先審定以牧人'，故注曰'己能審定以之牧人也'。今作'己審先定'者，涉上文'己不先定'而誤。《捭闔》云'審定有無以其實虛'，亦作'審定'。"

【考說】此言己方先定之重要。己定則計策謀略不露形迹，對方找不到識破自己的任何縫隙，然後牧人則無往而不勝，此乃謀略或得情之最高境界。陶説"玄風遠扇"，乃就魏晉時期玄風盛行而言，非《鬼谷子》之意也。

內揵第三

【題解】

內，內心，此指國君之內心世界。揵，閉塞，堵塞，此指與國君內心緊密相結。歸有光曰："《莊子》'內揵外揵'，揵，關也，閉也。門限之木亦曰揵。又户鑰牡亦曰揵。"俞樾曰："此篇名《內楗》。楗即鍵也。《周官》：'司門掌授管鍵。'司農注曰：'管謂鑰也，鍵謂牡也。'然則內楗者，謂納鍵於管中。"尹桐陽曰："內同柷，柱也，所以入於鑿者。揵即揵距，門也，所以持門令固者。本篇曰：'內者，進說辭；揵者，揵所謀也。'則內謂入、揵謂持耳。"歸、俞、尹皆以揵爲門閂、鎖栓。陶弘景曰："揵者，持之令固也。言君臣之際，上下之交，必內情相得，然後結固而不離。"陶說"揵"，言"持之令固"，甚合本意。本篇言縱橫策士如何打開國君的內心世界，並與之交結，得其信任與任用。本篇結構上由三個部分所組成：

首言內揵術之必要性。策士要掌握內揵術的主要原因在於君臣之間存在着複雜關係。表現爲"有遠而親，近而疏，就之不用，去之反求。日進前而不御，遥聞聲而相思"，故而國君內心世界很難被窺破。正因爲如此，文曰"事皆有內揵"，目的是"素結本始"。

次言內揵之方法。策士打開君主內心世界之方法，主要有"或結以道德，或結以黨友，或結以財貨，或結以采色"，從國君外在的愛好來窺探其內心世界。

最後言運用內揵術之原則。主要有三：一，力求自保原則。若國君內心世界尚未打開並被得知，則不輕舉妄動。所謂"不見其類而爲之者，見逆，不得其情而說之者，見非。得其情，乃制其術"。行內揵之術，首先要保證自身的安全不受傷害。此乃縱橫家一貫之主張。二，內心相合原則。即使己方已得知國君內心世界，但是己方之內心與國君之內心不合，也不能實施游說或策謀，即所謂"內有不合者，不可施行也"。只有己方與國君的內心想法一致，才能構建穩固的親密關係。因此，在使用內揵術時，一定要謹慎。三，等待時機原則。即使己方與國君的內心世界一致，也要尋找時機，而且在實施過程中，要靈活變化。所謂"乃揣切時宜，從便所爲，以求其變"。

君臣上下之事，有遠而親，近而疏，

【陶注】道合則遠而親，情乖則近而疏。

【考說】此言君臣關係，有身遠反得到親近，身近反遭疏遠。這是對君臣關係作的辯證論述，即把君臣關係中一些違反人們常識的現象提出來，以引起下文。俞棪曰："言近而疏者，其志迕也；言應則雖遠而親也。"俞說以爲策士游說人主，君臣之言遠親近疏。可參。

就之不用，去之反求。

【陶注】非其意則就之而不用，順其事則去之而反求。

【考說】靠近的反而不用，離開了反而去追求。陶說是。

日進前而不御，遙聞聲而相思。

【陶注】分違則日進前而不御，理契則遙聞聲而相思。

【校訂】《意林》引作"或遙聞而相思，或進前而不御"。

【考說】此言有的人天天在眼前反而不被任用，有的人只要遠遠地聽到他的名聲就想徵調他。陶說"分"，意即緣分，乃佛學術語，與此處意亦未合。

事皆有內揵，素結本始。

【陶注】言或有遠而相親,去之反求,聞聲而思者,皆由内合相持,素結其始。故曰"皆有内揵,素結本始"也。

【考説】此言欲結交國君,必由内心始。知悉國君内心,並從内心與國君相締結,才爲本始。陶説"言"有内合相持,非言"事",與此句言"事"不合。

或結以道德,或結以黨友,或結以財貨,或結以采色。

【陶注】結以道德,謂以道德結連於君。若帝之臣,名爲臣,其實爲師也。結以黨友,謂以友道結連於君。王者之臣,名爲臣,其實爲友也。結以貨財,結以采色,謂若桀紂之臣,費仲、惡來之類是也。

【校訂】陶注"王者之臣"前,勞權校補"若"字。

【考説】此言策士欲結國君,可以與國君縱論道德,或結爲友黨,或賄以財物珠寶,或從滿足國君耳目視聽之好的女色、音樂、歌舞娛樂等入手。道德、黨友、財貨、采色,皆國君内心之所想。所謂内揵,即從國君内心之所想締結關係。陶説"費仲"、"惡來"亦以費、惡二人諂諛國君,以聲色娛樂投其所好。

用其意,欲入則入,欲出則出;欲親則親,欲疏則疏;欲就則就,欲去則去;欲求則求,欲思則思。

【陶注】自入出已下八事,皆用臣之意,隨其所欲,故能固志於君,物莫能間也。

【校訂】陶注"故能固志於君"之"故"字下,陳乃乾《校記》補"則"字。

【考説】此言善用國君耳目聲色之好,則與國君交結可隨意出入,無所不能。陶説君使臣則隨心所欲,意雖通,然與"内揵"篇旨不合。

若蚨母之從其子也,出無間,入無朕,獨往獨來,莫之能止。

【陶注】蚨母,蛬蟷也。似蜘蛛,在穴中,有蓋。言蚨母養子,以蓋覆穴,出入往來,初無間朕,故物不能止之。今內揵之臣,委曲從君以自結固,無有間隙,亦由是也。

【校訂】蚨母,嘉慶本作"蚨母",陶注同,誤。《道藏》本、嘉靖抄本作"蚨母",今據改。朕,《道藏》本作"朕"。

【考説】蚨母,《説文》:"蚨,青蚨。"《搜神記》卷十三:"[青蚨]生子必依草葉,大如蠶子。取其子,母即飛來,不以遠近。雖潛取其子,母必知處。以母血塗錢八十一文,以子血塗錢八十一文;每市物,或先用母錢,或先用子錢,皆復飛歸,輪轉無已。"《太平御覽》卷九百五十引《淮南萬畢術》有"青蚨還錢"之説,與上文同。蚨母之從子,言青蚨母子相隨而不分離。此喻臣與君固結牢不可破。尹桐陽曰:"《説文》:'蚨,青蚨。水蟲,可還錢。'《淮南萬畢術》、《搜神記》皆云'以蚨血塗錢出之,飛還',即此所謂母從子者,陶隱居誤讀'蚨'爲《爾雅》王蚨蜴之蚨,因以蛬蟷解之,疏陋甚矣。"陶注作"蚨母",誤。蚨母與蚨母爲兩物,説詳見清段玉裁《説文解字注》"蚨"。尹説是。

內者,進説辭也;揵者,揵所謀也。

【陶注】説辭既進,內結於君,故曰"內者,進説辭也"。度情爲謀,君必持而不捨,故曰"揵者,揵所謀也"。

【考説】內,策士進説辭以打動國君內心;揵,言辭中所言之謀略,使國君內心對我認同,并願意與我結交。俞樾曰:"'內'讀爲'納'。故曰'內者進説辭'。以'進'字釋'內'字也。注謂説'辭既進,內結於君',未得'內'字之義。"俞説非,陶説"內"爲"內結於君",甚是。

欲説者,務隱度;計事者,務循順。

【陶注】説而隱度,則其説必行;計而循順,則其計必用。

【考説】隱,審度。隱度,即審時度勢。言策士游説時,應先暗中揣度君王之心意、品質，投其所好而游説。計謀時應順從君主之意願去謀劃，因爲策士們出謀劃策是爲解決君主面臨的政治軍事問題。因爲采納計謀、執行決策中，君主是主動者，故在決策時要順從君主心意，吸引其注意，按我方之謀劃解決問題。陶説未釋"隱度"，未妥。

陰慮可否，明言得失，以御其志。

【陶注】謂隱慮可否，然後明言得失，以御君志也。

【考説】御，迎。言已先暗中思慮成熟，知悉事之可否，然後再明言如何行事之得失，以迎合君主意志。陶説是。

方來應時，以合其謀。

【陶注】方謂道術，謂以道術來進，必應時宜，以合會君謀也。

【考説】方，計謀。言計謀既合君心，又合時勢要求，必與君主之謀劃相合。陶釋"方"爲道術，乃就道教立説，未合戰國時代特點，然大意不差。

詳思來揵，往應時當也。

【陶注】詳思，計慮來進於君，可以自固；然後往應時宜，必當君心也。

【校訂】俞樾曰："此二句，疑似戰國時人注釋之詞。"此二句前言"方來應時，以合其謀"，後言"夫内有不合者，不可施行也"，前後相接。俞説有理。然此二句有陶注，則陶注本已有此語。

【考説】此言先須經過詳細周密的計謀，然後去應君，與君締結穩固之關係，則無不當。陶説是。

夫内有不合者，不可施行也。

【陶注】計慮不合於君，則不可施行也。

【考説】此言如策士進獻説辭或者計謀不能契合於國君内心，則不可付諸實行。陶説是。

乃揣切時宜，從便所爲，以求其變。

【陶注】前計既有不合，乃更揣量切摩當時所爲之便，以求所以變計也。

【考説】此言計謀如不合君心，則己方應從更有利於君主實施的角度出發，據時而謀求改變、修正自己原先的計謀，以合於君心。陶説是。

以變求内者，若管取楗。

【陶注】以管取楗，楗必離；以變求内，内必合。

【考説】此言己方若能根據形勢及時求變，那麼内結於君就像鑰匙開鎖一樣容易。陶説是。

言往者，先順辭也；説來者，以變言也。

【陶注】往事已著，故言之貴順辭；來事未形，故説之貴通變也。

【校訂】俞棪曰："此二句，疑似戰國時人注釋之詞。"此二句有陶注，則陶注本已有此語。俞説無據。

【考説】此爲游説原則之一。在游説中涉及到已發生事件，要用"順辭"，即沿著事件的歷史真實情況去説，因爲此種實情，君主已知。如此方能取得君主好感，博得君主任用。在游説中涉及到還未發生的事件時，要用"變言"，即包含可能發生的多種情況，有變通餘地的話，免得將來事件發生後與自己所言不合，從而失去君主的信任。陶説強調貴變通，契於文意。

善變者，審知地勢，乃通於天，以化四時，使鬼神，合於陰陽，而牧人民。

【陶注】善變者,謂善識通變之理,審知地勢則天道可知。故曰"乃通於天"。知天則四時順理而從化,故曰"以化四時"。鬼神者,助陰陽以生物者也。道通天地,乃能使鬼神,合德於陰陽也。既能知地通天,化四時,合陰陽,乃可以牧養人民。

【考説】此言善變之重要。變,乃《鬼谷子》反復強調之策略。善變須做到:知地理形勢,通四時變化規律,合於陰陽之道。達於此,則可明天意,役鬼神,牧人民。陶説以爲,善變者能通天道。此從宇宙生成角度,以善變通於天道,則化四時,使鬼神,牧人民。此解將善變拔高至天道的高度,强調善變之重要,合乎鬼谷本意。

見其謀事,知其志意。
【陶注】其養人也,必見其謀事而知其志意也。
【考説】此言善變者能從對方謀劃事情中,知悉對方的心意。陶説亦以爲善變者養人,合於文意。

事有不合者,有所未知也。
【陶注】謂知之即與合,未知即不與合也。
【考説】此言如果所獻計謀不合君意,那麼還是對君意瞭解得不夠透徹。陶説"未知"即"不與合",未達題旨。

合而不結者,陽親而陰疏。
【陶注】或有離合而不結固者,謂以陽外相親、陰内相疏也。
【考説】此言君主表面上應和我方決策,但内心裏卻不認可,不執行我方決策,原因爲我方還不能深入地結交對方,故出現"陽親陰疏"之局面。陶説是。

事有不合者,聖人不爲謀也。

【陶注】不合，謂圓鑿而方枘，故"聖人不爲謀也"。

【校訂】自"欲説者，務隱度"至此，《道藏》本脱正文及注文四百一十二字。盧文弨曾據錢遵王鈔本以校補《道藏》本。嘉慶本即據錢遵王本爲底本。

【考説】此言聖人謀與君深結於心，如果不能深結於君，就不做謀劃。陶説意亦及策士與人君内心不合，合乎題旨。

故遠而親者，有陰德也；近而疏者，志不合也。

【陶注】陰德謂陰私相得之德也。

【考説】陰德，暗中合於君心。"陰德"與"志不合"對言，故其言當爲志暗合。此句回應上文"遠而親，近而疏"之原因，是因爲能暗中揣測到君意，制定一些與君意相合的計謀和措施的緣故。陶説"陰德"乃謂君臣之間私意相得，内心相通，合乎句意。

就而不用者，策不得也；去而反求者，事中來也。

【陶注】謂所言當時未合，事過始驗。故曰"事中來"也。

【考説】言親近時反而不被重用，是因爲對事情的預測及計策不被國君接受；離去反而求他回來，是因爲在中途其預測得到應驗。此回應上文"就之不用，去之反求"之原因。陶説是。

日進前而不御者，施不合也；遥聞聲而相思者，合於謀待決事也。

【陶注】謂彼所行合於己謀，待之以決其事，故"遥聞聲而相思"也。

【校訂】秦恩復校曰："'待決事'三字據《道藏》本增。"自"事有不合者，有所未知也"至此，亦見《鄧析子・無厚》篇，文字略有差異。陶注"待之以決其事"，陳乃乾《校記》無"其"字。

【考説】言計謀或措施一定要與君相合，否則則得不到君主認可，雖日日進至君主之前亦不爲用。而謀得君主之内心，則聞聲而思，待至身前以决事也。此句回應上文"日進前而不御，遥聞聲而相思"之因。陶説"遥聞聲而相思"而略"日進前而不御"，意有未盡。

故曰不見其類而爲之者，見逆；不得其情而説之者，見非。

【陶注】言不得其情類而爲説者，若北轅適楚，陳軫游秦，所以見非逆也。

【校訂】爲，《諸子匯函》本，《品匯釋評》本，乾隆本皆作"説"。陶注"爲説者"，《道藏》本、乾隆本、皆川本作"説之者"。"陳軫"原作"東軫"，今改。

【考説】此言若不能找到雙方的共通之處而倉促謀事，則必被排斥，得不到對方實情而實施游説，則必被否定。此處既强調得對方實情，又强調在得情之後所獻之計謀與對方相合。鬼谷先生以爲，謀事則以類相推，游説則必得情。此即游説與計謀之總原則，乃《鬼谷子》書獻出之一大智慧。陶説"游説"必得情，甚是。

得其情乃制其術。

【陶注】得其情則鴻遇長風、魚縱大壑，沛然莫之能禦，故能制其術也。

【校訂】秦恩復校云："'得'字上一本有'必'字。"

【考説】此强調得情之重要。得情爲制術之基礎。陶説"鴻遇長風，魚縱大壑"，形象生動，有補於文意之理解。

此用可出可入，可揵可開。

【陶注】此用者，謂用其情也，則出入自由，揵開任意也。

【校訂】陶注"則出入自由"，陳乃乾《校記》云"句上有'用其情'

三字"。

【考説】此言得情之後，想參政即被召求，想出世即可離去，與君主打交道就可來去自由。陶説是。

故聖人立事，以此先知而揵萬物。

【陶注】言以得情立事，故能先知可否，萬品所以結固而不離者，皆由得情也。

【考説】此言聖人成事皆以得情爲重，以先知爲要。如此，則可控制萬物。陶説是。

由夫道德、仁義、禮樂、忠信、計謀，

【陶注】由夫得情，故能行其道德仁義已下事也。

【校訂】《道藏》本脱"忠信"二字。

【考説】此言得情之後，進行游説或計謀時遵循"道德、仁義、禮樂、忠信"的準則，儘量讓言辭中藴含的計謀產生正面的效應。因爲這樣更容易被君主接受。陶説強調得情之重要，以爲得情之後，便能行道德、仁義、禮樂、忠信、計謀之事。然從下文《詩》、《書》看，此句當爲論説游説，以言游説遵循之原則爲妥。

先取《詩》、《書》，混説損益，議論去就。

【陶注】混，同也。謂先考《詩》、《書》之言，以同己説，然後損益時事、議論去就也。

【校訂】"議論去就"，《道藏》本、皆川本作"議去論就"。

【考説】此言游説時，先吸取《詩經》、《尚書》等書中的言辭，在此基礎上夾雜進自己的言辭，來議論時局，最後再決定自己是離開還是留下輔助君主。陶説"損益時事"，亦通。

欲合者用内，欲去者用外，外内者必明道數。

【陶注】内謂情内，外謂情外。得情自合，失情自去，此蓋理之常也。言善知内外者，必明識道術之數。

【考説】内，入結於君；外，不合於君。此言欲内結於君與不合於君兩種情況。無論選擇哪種，都必須按規律去做。陶説内外爲情内、情外，於義亦通。

揣策來事，見疑決之。

【陶注】預揣來事，見疑能決也。

【校訂】決，《道藏》本作"訣"。

【考説】此言事來，先揣測後計謀，見有疑問，然後決之。陶説對來事作預測，非是。

策無失計，立功建德。

【陶注】既能明道數，故策無失計。策無失計，乃立功建德也。

【校訂】陶注"乃立功建德"，陳乃乾《校記》云"乃"字後有"可以"二字。

【考説】言計策没有失誤，便能成功。陶説是。

治名、入產業，曰揵而内合。

【陶注】理君臣之名，使上下有序；入貢賦之業，使遠近無差。上下有序則職分明，遠近無差則徭役簡，如此則爲國之基日固，故曰"揵而内合"也。

【校訂】治名，《道藏》本作"治民"。

【考説】治名，指整頓朝綱；入產業，指治理民衆。此言既能幫助國君處理好君臣之間的關係，又能助其治理民衆，才能合於君而結之。陶説亦通。

上暗不治，下亂不寤，揵而反之。

【陶注】上暗不治其任，下亂不寤其萌。如此天下無邦，域中曠主。兼昧者，可行其事；侮亡者，由是而興，故曰"揵而反之"。

【校訂】陶注"如此"，陳乃乾《校記》云"下有'則'"。

【考説】言如果國君昏昧，國家得不到治理；臣民作亂，國君尚不悟而覺察，那麽，就計謀取代他。《抵巇》所謂"可抵而塞"、"可抵而得"是也。陶説是。

内自得而外不留，説而飛之。

【陶注】言自賢之主，自以所行爲得，而外不留賢者之説。如此者，則爲作聲譽而飛揚之，以釣其歡心也。

【考説】此言策士在游説時，對那些内心自以爲是，聽不進别人意見的對方，則假意贊揚、稱頌他，博得對方的歡心與信任，然後再控制他，使其爲我所用。此"飛"即下文《飛箝》篇中之"飛語"。陶説人主自以爲賢，而不留賢者之説，如此則以飛語釣之也。合於文意。

若命自來，己迎而御之；

【陶注】君心既善，己必自有命來。召己則迎而御之，以行其志也。

【考説】言若有令詔己，則迎而御之，以行己志也。陶説是。

若欲去之，因危與之。

【陶注】翔而後集，意欲去之，因其將危與之辭矣。

【考説】俞樾曰："'危'讀爲'詭'。古字'詭'與'危'通。"尹桐陽曰："危與，高舉也。高舉，謂不仕。"此言己方若欲離去，則言己將危君，君自放行。陶説欲棄君而去，當先預備以危險之言而與之人君，君自放行，己得平安矣。俞説"危"爲"詭"，則設詭計而去之，意亦通。尹説"危與"爲隱居，可參。

環轉因化,莫知所爲,退爲大儀。

【陶注】去就之際,反復量宜,如員環之轉,因彼變化。雖優者莫知其所爲,如是而退,可謂全身大儀。儀者,法也。

【校訂】陶注"如員環之轉"之"員",陳乃乾《校記》作"圓",二字古通。

【考説】高金體曰:"儀,刑也。爲物之典則。"此言或入或出,像圓環一樣,隨時作出應變。但如果自己對對方所爲實在不知,己方對情勢駕馭不了,那就趕緊退卻,這是保全自身的一個大法則。此處重"退",有"退爲上計"之意。陶説"環轉因化",以退爲大法,於義爲合。

抵巇第四

【題解】

巇,縫隙。抵巇爲或彌補縫隙,或從縫隙入手破壞事物之處世術。歸有光曰:"巇,音僖,山險也,間隙也。"尹桐陽曰:"'抵'字當同'坻',堵塞之謂。"尹説堵塞縫隙,意亦近是。陶弘景曰:"抵,擊實也;巇,釁隙也。墻崩因隙,器壞因釁,方其釁隙而擊實之,則墻器不敗,若不可救,因而除之,更有所營置。人事亦猶是也。"陶説既有彌縫,又有擊壞,合乎本意。本篇旨在説明抵巇術之原理與方法,結構上由四个部分所組成:

首言抵巇之原理。萬事萬物之生成與發展皆遵循自然法則,沿著"合"與"離"兩個方向運行,不可避免出現罅隙。小縫隙比較容易彌補,所謂"巇始有朕,可抵而塞,可抵而卻,可抵而息,可抵而匿"。故須趁縫隙尚小時,及時加以彌補,"此謂抵巇之理也"。如若小的縫隙不加以彌補,則會發展成大的裂隙,最後導致土崩瓦解,此乃事物發展之客觀規律。

次言抵巇術在現實政治鬥爭中的表現。"天下紛錯,上無明主,公侯無道德,則小人讒賊;賢人不用,聖人竄匿,貪利詐僞者作;君臣相惑,土崩瓦解而相伐射;父子離散,乖亂反目,是謂萌芽巇罅",一個國家缺少明君,大臣無德,賢人不用,君臣猜忌,貪圖利益的人到處横行,家庭破裂等,皆爲縫隙,抵巇之術皆可以應用於此。

再次言抵巇之方法。主要有兩種:"或抵而塞之","或抵而得之"。縫隙不大,則"抵而塞之",加以堵塞彌補,進行挽救;如若縫隙太大,已無法挽救,則利用縫隙,擊其危險之處,進而取代之。對於抵巇之法,應根據時代要求靈活運用，如此可以無往而不勝。

最後言運用抵巇之術的指導原則。抵巇之術的運用，須注意找尋時機，"世無可抵，則深隱而待時；時有可抵，則爲之謀"。即使天下有縫隙，但如時機未合，亦不可施行。只待時機允許，才爲之謀劃。

物有自然，事有合離。

【陶注】此言合離者，乃自然之理。

【考説】此言人事合離像物自然而生一樣，非人力之所能爲。縱橫策士欲成大事，必須熟諳之。陶説是。

有近而不可見，有遠而可知。近而不可見者，不察其辭也，遠而可知者，反往以驗來也。

【陶注】察辭觀行則近情可見，反往驗來則遠事可知。古猶今也，故反考往古則可驗來今，故曰"反往以驗來"也。

【校訂】"有遠而可知"之"有"字，《道藏》本無。

【考説】此言若不知物體之自然屬性，不明社會事件之分合規律，則發生在身邊之事，也認識不了；反之，若把握了自然規律和社會規律，遠處之事物或事件也能一目了然。發生在身邊之事，認識不了，是因爲未對對方言辭加以詳細考察揣摩的緣故；遠在他處之事物反而被認識，是因爲能够返回歷史，找歷史上同類事例的解決辦法，或經驗或教訓，來比證今天的發展，掌握其規律。陶説古今一致，反考古而可驗今，深得鬼谷子本意。

巇者，罅也。罅者，㵎也。㵎者，成大隙也。

【陶注】隙大則崩毁將至，故宜有以抵之也。

【考説】此言事物之發展趨勢皆由小到大，若處理不善，則將崩毁。陶説隙大則崩潰，而未及事之發展趨勢乃由小至大，意猶有未盡。

巇始有朕，可抵而塞，可抵而卻，可抵而息，可抵而匿，可抵而得。此謂抵巇之理也。

【陶注】朕者，隙之將兆，謂其微也。自中成者，可抵而塞；自外來者，可抵而卻；自下生者，可抵而息；其萌微者，可抵而匿；都不可治者，可抵而得。深知此五者，然後盡抵巇之理也。

【校訂】陶注"自中成者"後，原衍"隙"字，今據《道藏》本改。"都不可治者"之"治"，嘉慶本避順治諱而作"捄"，今回改。

【考說】此言抵巇術之總方法。《鬼谷子》依陰陽立論，此五者亦當如此。前四者總歸爲"塞"，避免事態進一步擴大；後一歸爲"得"，取而代之也。合而觀之，謂抵巇之理也。然"塞"占其四，不得已才"得"之，此見"塞"之占主導。陶説罅隙若來自自身，則塞；若外來使事有隙，則抵而卻；若事之縫隙自下而生，來自基層，則可彌縫而息。若事之縫隙隱微，則抵而隱匿。不可治者，則抵而取代。説亦詳盡，然不可拘泥作解。

事之危也，聖人知之，獨保其身。因化説事，通達計謀，以識細微。

【陶注】形而上者，謂之聖人。故危兆纔形，朗然先覺，既明且哲，故"獨保其身"也。因化説事，隨機逞術，通達計謀以經緯，識細微而預防之也。

【校訂】身，《太平御覽》引作"用"，《道藏》本、《諸子彙函》本、《品匯釋評》本皆作"用"。陶注云"故獨保其身也"，則陶所見本作"身"。

【考說】此言事物或事情有危險之徵兆出現，聖人即能察覺，在知悉其危害性的基礎上，先采取措施進行自保，然後根據客觀情況的變化來籌畫計謀，進行彌補，彌補完成之後，再進一步來辨識細微縫隙產生之原因。陶説意亦及聖人善識細微以自保，於義合。

經起秋毫之末，揮之於太山之本。

【陶注】漢高奮布衣以登皇極，殷湯由百里而取萬邦。經，始也。揮，發也。

【校訂】此句陶注，《道藏》本作："漢高祖以布衣登皇帝位，殷湯由百里而馭萬邦。經，始也。揮，動也。"與嘉慶本字句多有出入。

【考説】言事件常常由細枝末節而起，如不彌補，發展下去會走向毀滅。陶以漢高祖、商湯起於細微而終獲天下爲例，論説隙巇若不彌補，其後果勢必會被取代。於意有所發明，而喻意亦恰。

其施外，兆萌芽蘖之謀，皆由抵巇。抵巇之隙，爲道術用。

【陶注】宫亂政施外，兆萌芽蘖之時，智謀因此而起。蓋由善抵巇之理，故能不失其機。然則巇隙既發，乃可行道術。故曰巇隙爲道術用也。

【校訂】"抵巇之隙"句中"之"字，《道藏》本無。芽，原作"牙"，據下文"萌芽隙罅"改。下注同。

【考説】此言施策於外，須據抵巇之原理，當事物處於萌芽狀態時，及時發現其罅隙，並想出計謀來堵塞他。善於發現並抵塞小的縫隙，乃抵巇術之根本方法。陶説國亂始於宫內，當以下文"上無明主，公侯無道德"解此。若國亂，則智謀起，善抵巇之理者當機不可失。亦合其旨。

天下紛錯，上無明主，公侯無道德，則小人讒賊，賢人不用，聖人竄匿，貪利詐僞者作，君臣相惑，土崩瓦解而相伐射，父子離散，乖亂反目，是謂萌芽巇罅。

【陶注】此謂亂政萌芽，爲國之巇罅，"伐射"謂相攻伐而激射也。

【校訂】紛，《道藏》本作"分"。上，勞權校作"土"，"土"乃"士"之誤。曰"士無明主"，亦通。芽，《道藏》本、嘉慶本、陶注皆作"牙"，《諸子彙函》本、《品彙釋評》本作"芽"。下文作"萌芽巇罅。"依下文，當作"芽"。今據改。

【考説】此言四種罅隙：天下混亂，朝廷無明君，公侯等道德失範，有此罅隙，則必有小人讒言陷害忠良；賢人不用，聖人隱居躲避，有此罅隙，則貪圖利祿、弄虛作假之人必起；君臣彼此不信任，互相欺瞞，有此罅隙，國家必將土崩瓦解，人與人互相攻擊殘殺；父子不同心，意見不一致，也爲罅隙，若被利用必將反目成仇。以上種種情況，皆可稱之爲"萌芽巇罅"。陶説"亂政"乃概言之，意亦近是。

聖人見萌芽巇罅，則抵之以法。世可以治則抵而塞之，不可治則抵而得之。或抵如此，或抵如彼。或抵反之，或抵覆之。

【陶注】"如此"謂抵而塞之，"如彼"謂抵而得之。"反之"謂助之爲理，"覆之"謂自取其國。

【校訂】芽，《道藏》本、乾隆本作"牙"。

【考説】此言抵巇之術之兩種方法，一爲縫隙可補，則抵而塞之；一爲縫隙不可補，則抵而取代之。陶説意甚明白。

五帝之政，抵而塞之；三王之事，抵而得之。

【陶注】五帝之政，世猶可理，故曰"抵而塞之"，是以有禪讓之事。三王之事，世不可理，故曰"抵而得之"，是以有征伐之事。

【考説】五帝，先秦時代對於五帝的説法有東西兩種。東方五帝説同《世本》、《大戴禮記》、《史記》的説法，即黃帝、顓頊、帝嚳、堯、舜；西方五帝説是少皥、太皥、黃帝、炎帝、舜。三王：夏禹、商湯、周文王。此例舉"抵而塞之"與"抵而得之"兩種情形。五帝時期，也出現過君主不明、世道混亂的情形，而賢人去幫助君主治理天下，此即"抵而塞之"之例。三王時期，因前世君主昏庸，天下大亂，三王奮起而取代之，此即"抵而得之"之例。陶説是。

諸侯相抵，不可勝數。當此之時，能抵爲右。

【陶注】謂五伯時。右，由上也。

【考說】當此之時，意即當社會混亂有罅隙之時。陶説"此"爲三王之後之春秋戰國時代，即五霸時，亦通。

自天地之合離、終始，必有巇隙，不可不察也。

【陶注】合離謂否泰，言天地之道正觀，尚有否泰爲之巇隙，而況於人乎！故曰"不可不察"也。

【考說】尹桐陽曰："合離謂閉開，終始謂陰陽。"言世間萬事萬物皆有合、離與終、始。既如此，必有巇隙，不可不看到這一點。陶釋"合離謂否泰"，於義無補。尹以"捭闔"之道作解，正合其意。

察之以捭闔，能用此道，聖人也。

【陶注】捭闔亦否泰也。體大道以經人事者，聖人也。

【考說】此言聖人善用"捭闔"之術去發現縫隙，然後以"抵巇"之術去駕馭。於此亦可見《抵巇》依《捭闔》立論也。陶釋"體大道以經人事"者爲"聖人"，甚是。體大道，即體會捭闔之道。

聖人者，天地之使也。

【陶注】後天而奉天時，故曰"天地之使"也。

【考說】聖人能明審天地自然之道，洞察社會人事，故稱之爲天地之使者。陶説亦合文意。

世無可抵，則深隱而待時；時有可抵，則爲之謀。可以上合，可以檢下。

【陶注】上合謂抵而塞之，助時爲治；檢下謂抵而得之，使來歸己也。

【校訂】則爲之謀，陳乃乾《校記》曰："下有'此道'二字。"

【考説】此言運用抵巇須等待時機。清平盛世，可隱而待時，不可盲動；若有時機，即社會中出現罅隙，即運用抵巇之術，或上合而彌縫之，或檢下取而代之也。陶説合於文意。

能因能循，爲天地守神。

【陶注】言能因循此道，則大寶之位可居，故能爲天地守其神化也。

【校訂】陶注"神化"，嘉靖鈔本作"神祀"。秦恩復校曰："鮑本作'神祀'。"秦曰鮑本即鮑以文本，此即嘉靖鈔本也。

【考説】此言抵巇術之運用當以"因"爲原則。因，即順應情勢。此言根據具體情況，及時運用抵巇之術。俞樾曰："《國語·魯語》曰：'山川之靈，足以紀綱天下者，其守爲神。社稷之守爲公侯。'故此云'爲天地守神'。注謂爲'天地守其神祀'，失之。"據俞説，則嘉靖鈔本作"神祀"誤也。

飛箝第五

【題解】

飛，飛語。以對方喜歡的言辭贊譽他。箝，控制。飛箝術既是得情之術，亦爲制人之術。陶弘景曰："飛，謂作聲譽以飛揚之；箝，謂牽持緘束令不得脫也。言取人之道，先作聲譽以飛揚之，彼必露情竭志而無隱，然後因其所好，牽持緘束，令不得轉移也。"歸有光曰："箝，劫束也，鎖頭也，鑰也。鑰音攝，箝也。"尹桐陽曰："飛，揚也，謂聲譽爵禄之類。箝，《説文》作'鉗'，以鐵有所劫束也。"蕭登福曰："飛，是造作聲譽；箝，是箝制。飛箝，是運用言辭技巧，替對方造作聲譽，爲他宣傳，以此來贏取對方竭誠的感激，而後再以各種技巧來箝制他，使他爲我們所用。"陶注言明飛箝之術，既爲得情之術，亦爲制人之術。即先爲對方造作聲譽，揚其名聲，使之高興放鬆警惕而露出實情，此爲得情；己方知其實情，然後制定策略再鉗制他，此爲制人。《周禮・春官・典同》賈公彦疏："《鬼谷子》有《飛鉗》、《揣摩》之篇，皆言從横辨説之術。飛鉗者，言察是非語，飛而鉗持之。"本篇旨在説明"飛箝"之術的原理及其運用，結構上由三個部分所組成：

先言飛箝乃得情之術。飛箝術乃獲取對方資訊實情的有效方法。本篇開始即言在己方"決安危之計，定親疏之事"之前，須"徵遠來近"，"知有無之數"，知悉對方實情與底細。飛箝術内涵在於引"鈎箝之辭"，於贊揚對方之中暗自下鈎，以言辭鈎引出對方實情而加以鉗制。贊揚對方是爲了己方控制他，或爲了控制他才去贊揚他，此乃飛箝術實質。

次言飛箝術乃制人之術。如若制人，方法主要有：根據情況或者先不斷地積累贊揚，爲徹底毀他做準備，即所謂"或先徵之而後重累；或先重以累而後毀之"；也或以使用對方喜歡之物質加以引誘刺激達到目的，即"或稱財貨、琦瑋、珠玉、璧帛、采色以事之"；或據實際形勢而説飛箝之語，即"或量能立勢以鈎之"；也或以據對方縫隙漏洞，結合"抵巇"之法而實施，即"或伺候見㵎而箝之"等。

最後言在具體實施過程中，須針對不同對象而行飛箝之術。文中列舉了"用之於天下"、"用之於人"兩種情形：

所謂"用之於天下"，即針對諸侯國君主而用之飛箝術。將飛箝術用之于國君，必先瞭解該國綜合國情：如該國經濟、政治、軍事、外交等，還須知悉天時、地理與人口狀況，瞭解國君個人好惡、品行、性格、智力、才能、氣度等，特別須知悉其最爲關心最想解決的問題等。如此才能確定使用何種"飛語"，然後針對其弱點，用飛箝之術控制他。

所謂"用之於人"，即針對常人使用之"飛箝"術。用飛箝術控制常人，其權術分爲兩步。其一，知悉對方才能。欲控制對方，使其爲我所用，必先瞭解對方，知悉其意向主張與我相同與否，對方智慧所在才能所長，以便掌握控制他的關鍵。其二，飛揚鈎情。先用"飛語"手段贊譽他，順著對方意願説出對方喜歡聽的話，抓住把柄之後，再去挾制他，或用把柄脅迫他，或造輿論壓抑他，使之屈從於己，而被我控制。然後任意驅遣對方。

凡度權量能，所以徵遠來近。

【陶注】凡度其權略，量其材能，爲作聲譽者，所以徵遠而來近也。謂賢者所在，或遠或近，以此徵來，若燕昭尊郭隗，即其事也。

【考説】徵，問也。《左傳·僖公四年》："包茅不入，王祭不共，無以縮酒，寡人是徵。"從下文"别是非之語"、"見内外之辭"、"引鈎箝之辭"來看，此處"徵"亦與言説有關。本篇"飛箝"術，即以飛語而箝。故釋爲問也。此處當以通過詢問而獲取信息而言。揣情得實，乃《鬼谷子》立論基礎。"飛箝"術即爲得情方式之一。此方式以飛語誘情而箝之。陶注釋

"徵"爲徵召，以"徵遠來近"爲"賢者所在，或遠或近，以此徵來"，若"燕昭尊郭隗"事，未契題旨。下陶注以此論說，多誤。

立勢而制事，必先察同異、別是非之語，

【陶注】言遠近既至，乃立賞罰之勢，制能否之事。事、勢既立，必先察黨與之同異，別言語之是非。

【校訂】秦恩復云："'同異'下據注脫'之黨'二字。"勞權校無"而"字。

【考說】此言確立威勢或具體辦事，在得情之後，還需對情作辨析，辨察其中信息與我有相同或不同，何爲真言何爲假話，哪些於我有用，哪些於我無用等，而非一味盲信。陶說就遠近而來之能人或賢人而言，對其立賞罰之勢，制能否之事，未契題旨。

見內外之辭，知有無之數，

【陶注】外謂虛無，內謂情實，有無謂道術能否。又必見其情僞之辭，知其能否之數也。

【校訂】陶注"虛無"，《道藏》本、乾隆本作"浮虛"。

【考說】內，指內心真實想法；外，口之言說於外之言辭。此句言與人言說要善於辨析對方言辭是否與其心意一致，辨別其爲真話或假話，知對方實情多少之數。陶釋"有無"爲"道術能否"，意即知己方能否駕馭對方，亦通。

決安危之計，定親疏之事。

【陶注】既察同異、別是非、見內外、知有無，然後與之決安危之計，定親疏之事，則賢不肖可知也。

【考說】此言在察同異、別是非、見內外、知有無等之後，在徹底得情的情況下，己方再決定對策措施。陶說得情之後決定計謀，或定親疏之

事，於義合。然又言賢不肖可知，則陶注以爲此爲君任臣，非是。

然後乃權量之，其有隱括，乃可徵，乃可求，乃可用。

【陶注】權之所以知其輕重，量之所以知其長短。輕重既分，長短又形，乃施隱括以輔其曲直。如此，則徵之亦可，求之亦可，用之亦可。

【考説】隱括，也作檃括、檃栝、檃桰。原指矯正竹木彎曲的工具。此言若己方的對策有需要剪裁或修改的地方，則及時修改調整，然後運用。陶説隱括以輔曲直，合於文意。

引鈎箝之辭，飛而箝之。

【陶注】鈎謂誘致其情，言人之材性，各有差品，故鈎箝之辭，亦有等級。故内感而得其情曰鈎；外譽而得其情曰飛。得情則箝持之，令不得脱移，故曰"鈎箝"，故曰"飛箝"。

【校訂】引，陳乃乾《校記》作"别"。

【考説】此言飛箝乃替對方造作聲譽，揚其名聲而露其實情，然後鉗制他。陶注謂"鈎謂誘致其情"，又釋"外譽而得其情曰飛"，"得情則箝持之"謂"箝"，甚是。人性"差品"、言辭"等級"云云，則以魏晋時材性品級觀念釋之，未爲妥當。

鈎箝之語，其説辭也，乍同乍異。

【陶注】謂説鈎箝之辭，或捭而同之；或闔而異之。故曰"乍同乍異"也。

【考説】言飛箝之辭作爲説辭，要根據情勢隨機應變。陶釋"乍同乍異"曰"或捭而同之；或闔而異之"，則結合捭闔而論，深得本意。

其不可善者，或先徵之而後重累；

【陶注】不可善，謂鈎箝之辭所不能動。如此者，必先命徵召之。重累者,謂其人既至,然後狀其材術所有,知其所能,人或因此從化也。

【校訂】善,嘉靖鈔本作"差"。陶注"然後狀其材術",《道藏》本、嘉靖鈔本"材"後均衍"其人既至,然後都狀其材"十字。

【考說】此下言"飛"。重累即累之重,反復迭加,與"毀"相對。此指不斷抬高。《呂氏春秋·行論》:"《詩》曰:'將欲毀之,必重累之;將欲踣之,必高舉之。'其此之謂乎? 累矣而不毀,舉矣而不踣,其唯有道者乎?"注曰:"累之重,乃易毀也。踣,破也。舉之高乃易破也,以喻湣王驕亂甚,乃易破也。燕軍攻高亦易破,使田單序其名也。"此言對以飛箝之語難以相誘的,可以先行采取不斷抬高他的名譽地位的方式,使其名不副實,爲以後訾毀他作準備。陶釋"不可善"爲"謂鉤箝之辭所不能動",甚是;釋"徵"爲徵召其來,不確。下"重累"亦就用人而言,誤。

或先重以累而後毀之。

【陶注】或有雖都狀其所有,猶未從化,然後就其材術短者,訾毀之。人或過而從之,無不知化也。

【校訂】秦恩復曰:"'以'字疑衍。"陶注"人或過而從之"之"或"字下,勞權補"知"字。

【考說】重累即飛箝之術,意即一次飛箝不成,則多次重複,直至達到目的。此補上句先"重累"之目的,乃爲毀掉對方。陶說以"化"立論,未得其旨,下同。

或以重累爲毀,或以毀爲重累。

【陶注】或有狀其所有,其短自形,此以重累爲毀也;或有歷說其短,材術便著,此以毀爲重累也。爲其人難動,故或重累之,或訾毀之。所以驅誘之,令從化也。

【考說】此言重累之術在實踐中之靈活運用,似《捭闔》所云以陽求陰、以陰結陽也。陶說或以重累,或以訾毀,皆君御臣之術,令其從己也。

陶説與旨未合。

其用或稱財貨、琦瑋、珠玉、璧帛、采色以事之，

【陶注】其用謂人能從化，將欲用之，必先知其性行好惡，動以財貨采色者，欲知其人貪廉也。

【校訂】瑋，陳乃乾《校記》作"璋"。帛，《道藏》本作"白"。陶注"其用謂人能從化"，勞權校改"能"爲"既"。

【考説】此下言"箝"。稱，舉。琦瑋：美玉。采色：絢麗成章的顏色。尹桐陽曰："稱，舉也，亦揚也。琦瑋，奇異也。""飛"之手段達成後，對方實情必露，己方下一步要以財貨、琦瑋、珠玉、璧帛、采色等作誘餌來箝持住對方。陶説君以"財貨采色"試臣之"貪廉"，誤。

或量能立勢以鉤之，

【陶注】量其能之優劣，然後立去就之勢，以鉤其情，以知其智謀也。

【考説】此言正確衡量其才能，酌情任用以立其勢來箝持對方。陶説"鉤"其智謀，於義合。

或伺候見㵎而箝之，

【陶注】謂伺彼行事，見其㵎隙而箝持之，以知其勇怯也。

【考説】此言見對方縫隙漏洞捕捉時機來箝持之。陶説"伺彼行事，見其㵎隙而箝持之"，意已説盡。"以知其勇怯"，猶爲蛇足，不合本意。

其事用抵巇。

【陶注】謂此上事用抵巇之術而爲之。

【考説】此處言抵巇之術與飛箝之術混合並用。陶説亦從抵巇、飛箝二術結合論述，於義相合。

將欲用之於天下，必度權量能，見天時之盛衰，制地形之廣狹，岨嶮之難易，人民、貨財之多少，諸侯之交孰親孰疏、孰愛孰憎。

　　【陶注】將用之於天下，謂用飛箝之術，輔於帝王。度權量能，欲知帝王材能可輔成否。天時盛衰，地形廣狹，人民多少，又欲知天時、地利、人和合其泰否。諸侯之交，親疏愛憎，又欲知從否之衆寡。

　　【校訂】將欲用之於天下，《道藏》本、乾隆本"之"下無"於"字。

　　【考說】此言飛箝之術用于游說，則必以知對方國情爲基礎。此"情"謂天時、地形、人民、貨財、諸侯親疏，乃綜合國力之統稱。陶說是。

　　心意之慮懷，審其意，知其所好惡，乃就說其所重，以飛箝之辭，鈎其所好，以箝求之。

　　【陶注】既審其慮懷，又知其好惡，然後就其所最重者而說之。又以飛箝之辭，鈎其所好，既知其所好，乃箝而求之，所好不違，則何說而不行哉。

　　【校訂】以箝求之，"以"字前原有"乃"字，《道藏》本、《品匯釋評》本、《諸子匯函》本、乾隆本皆無。此句前已有"乃就說其所重"，這裏不應重複。今據改。

　　【考說】此言游說人主，行飛箝之術的原則：知其所好惡，而就其最重者說之。就對方眼前最關心的事情說起，才能鈎住對方，然後才能箝持之。此處可見鬼谷學說之特色，即善於揣摩人之心理來利用對方。陶說意亦及此，甚是。

　　用之於人，則量智能，權材力，料氣勢，爲之樞機。以迎之隨之，以箝和之，以意宣之，此飛箝之綴也。

　　【陶注】用之於人，謂用飛箝之術於諸侯之國也。量智能料氣勢者，亦欲知其智謀能否也。樞，所以主門之動静；機，所以制弩之放發。言既知其諸侯智謀能否，然後立法鎮其動靜，制其放發，猶樞之於門，機之於弩，或先而迎之，或後而隨之，皆箝其情以和之，用其意以宣之，如此則諸侯之權可得而執，己之恩信可得而固，故曰"飛箝之綴"也，謂用飛箝之術連於人也。

【校訂】"以迎之隨之"句中"以"字上，嘉靖鈔本有"飛"字。"以意宣之"之"宣"，《道藏》本作"宜"。陶注"謂用飛箝之術於諸侯之國也"，《道藏》本無"之國"二字。"己之恩信"之"信"，《道藏》本作"又"。

【考説】此言將飛箝之術用之於游説人主，則必對人主之智慧、能力、勢力作綜合把握。然後爲之策劃。陶説意義詳盡，對文意多有闡發與補充。

用之於人，則空往而實來，綴而不失，以究其辭。可箝而從，可箝而横，可引而東，可引而西，可引而南，可引而北，可引而反，可引而覆。

【陶注】用之於人，謂以飛箝之術任使人也。我但以聲譽飛揚之，故曰"空往"。彼則開心露情，歸附於己，故曰"實來"。既得其情，必綴而勿失，又令敷奏以言，以究其辭。如此則從横、東西、南北、反覆，惟在己之箝引，無思不服也。

【校訂】用之於人，《道藏》本無"之"字。

【考説】此總結飛箝術之功用。即能使己方"空往而實來"，獲得利益；能駕馭對方，或縱或横，或東或西。陶説以聲譽飛揚之，故曰"空往"，彼露情而爲我所得，故曰"實來"。南北東西，盡在己之箝引，道盡文意。

雖覆能復，不失其度。

【陶注】雖有覆敗，必能復振，不失其節度，此飛箝之終也。

【考説】此言使用飛箝之術後，即使己方有傾覆亦能振起。陶説即使己方暫時失敗，亦能用飛箝之術復振而起，深得文意。

忤合第六

【題解】

相背爲"忤",相向爲"合",忤合,即背反與趨向之術。本篇言策士如何擇君、事君之術。忤,即背離現今君主;合,即選擇合意君主與之共事。陶弘景曰:"大道既隱,正道不得坦然而行。故將合於此,必忤於彼。令其不疑,然後可行其意,若伊、呂之去就是也。"樓昉曰:"凡作事有忤有合,聖人之制事也,先審時度勢,凡所爲適與事會。故曰'聖人先忤而後合'。衆人率意恣情,視天下事無不可行者哉。一舉手,便有掛礙,始似合而卒不可行,故曰'衆人先合而後忤'。'忤合'二字總是謀慮計定,行之以飛箝之術。"(《二十九子品匯釋評》卷二十)尹桐陽曰:"忤,《説文》作'牾',逆也。此忤合連文以題篇。字當同伍,亦謂合耳。與云遇合同。意如篇中所謂伊尹合湯、呂尚合文王是也。"本篇旨在説明策士與君主的遇合問題。結構上由三個部分所組成:

首言策士與人主之間或合或不遇,皆由自然規律所決定。故策士不必忠於某個人主或國家。"凡趨合倍反,計有適合。化轉環屬,各有形勢,反覆相求,因事爲制",揭示"趨向"與"背反"乃普遍存在之客觀規律,各有趨勢,且兩者之間相互轉化,如同圓環一樣首尾相連。故而君臣之間遇合或背離乃自然規律。臣可選擇忠於君主,也可選擇背離君主,不必愚忠於某人,此乃自然規律所決定。

次言策士不能同時忠於兩個人主或國家。雖策士可在衆多人主或國家之間選擇,但在某一時間段,只能忠於一個人主或國家。"趨向"與"背反"勢不兩立,策士只能"合於彼而離於此","計謀不兩忠"。或可據實際情況，靈活運用。但務必注意，在一個相對的時空環境中，兩者只能擇其一而行。此乃由陰陽捭闔之對立特性所決定。或陰或陽，擇一而行。

最後言策士與人主"合"之原則。對能"成於事而合於計謀"之君主，則"合"於他，"與之爲主"；反之，則"因事物之會，觀天時之宜"而"與之轉化"，"忤"於他而另擇高枝。合與不合，標準爲"成於事而合於計謀"，即對方贊同己方之計謀且能夠使己方獲得成功。做到這一"合"一"忤"，則可進退自如，縱橫天下。

凡趨合倍反，計有適合。

【陶注】言趨合倍反，雖參差不齊，然施之計謀，理乃適合也。

【考說】此言尊重"趨向"與"背反"之客觀規律，乃計謀是否適合之關鍵。陶說趨合背反，雖參差不齊，一旦施以計謀，即能掌控其規律。亦通。

化轉環屬，各有形勢，反覆相求，因事爲制。

【陶注】言倍反之理，隨化而轉，如連環之屬。然其去就，各有形勢。或反或覆，理自相求，莫不因彼事情爲之立制也。

【考說】環，《鬼谷子》一概念，本義爲圓環，此處喻"忤"與"合"，乃"環"之兩端，從"忤"至"合"，或由"合"至"忤"，如同圓環一樣，可隨時而化。此言客觀實際千變萬化，或忤或合，須據實際情況而定。陶說因事立制，皆隨化而轉，契合本意。

是以聖人居天地之間，立身、御世、施教、揚聲、明名也，必因事物之會，觀天時之宜，因知所多所少，以此先知之，與之轉化。

【陶注】所多所少，謂政教所宜多所宜少也。既知多少所宜，然後爲之增減。故曰"以此先知",謂用倍反之理,知之也。轉化,謂轉變以從化也。

【校訂】"因知所多所少"之"知",《道藏》本、嘉靖鈔本、《四部叢刊》本作"之"。

【考說】此言人欲立身、御世、施教、揚聲、明名,須依客觀情況隨時變化。爲下文運用"忤合"之術擇君或背君奠下理論基礎。陶注以"政教"立論,解"轉化"爲"轉變以從化也",未盡合旨意。

世無常貴,事無常師。

【陶注】能仁爲貴,故無常貴;主善爲師,故無常師。

【考說】此言任何事物皆處在不斷的發展變化之中,沒有永久的地位尊貴;處理事情也無永久的老師來指導。陶以"仁"、"善"爲說,乃以儒家之意說縱橫之旨,未爲妥當。

聖人無常與,無不與;無所聽,無不聽。

【陶注】善必與之,故無不與。無稽之言勿聽,故無所聽。

【校訂】此句《道藏》本作"聖人常爲無不爲,所聽無不聽"。此句陶注,《道藏》本作"善必爲之,故無不爲。無稽之言不聽,故無所聽",字多有不同。陶注"無所聽",秦恩復校曰:"'無所聽'當作'無不聽'。"

【考說】與,贊同。聽,聽從。此言聖人沒有恆久不變的贊同,也沒有恒久不變的聽從。其義承接上文"無常師"而來。陶說"與"爲"善與","無聽"爲"無稽之言",過於具體,於義未契。

成於事而合於計謀,與之爲主。

【陶注】於事必成,於謀必合。如此者,與衆立之,推以爲主也。

【考說】此言聖人欲成事,合於謀,必以忤合爲主。陶說聖人如能"與衆立",則能"推以爲主"。以"主"爲"人主",恐與文意未合。

合於彼而離於此，計謀不兩忠，必有反忤。

【陶注】合於彼必離於此，是其忠謀不得兩施也。

【考説】與此合必與彼離，所計謀不可能同時效忠於對立之雙方，必與其中一方相違背。此爲處世之真理。故欲擇新君主則必叛舊君主。陶説意亦及是。

反於此，忤於彼；忤於此，反於彼。其術也。

【陶注】既忠不兩施，故宜行反忤之術。反忤者，意欲反合於此，必行忤於彼；忤者，設疑似之事，令昧者不知覺其事也。

【校訂】秦恩復曰："一本作'此'。""此"與"彼"對言，陶注亦言此，今據改。

【考説】言在"彼"與"此"之間，兩者擇一而事。陶釋"忤"爲"設疑似之事，令昧者不知覺其事"，未契其旨。

用之於天下，必量天下而與之；用之于國，必量國而與之；用之於家，必量家而與之；用之於身，必量身材能氣勢而與之，大小進退，其用一也。

【陶注】用之者，謂用反忤之術；量者，謂量其事業有無；與，謂與之親。凡行忤者必稱其事業所有而親媚之，則暗主無從而覺。故得行其術也。所行之術，雖有大小進退之異，然而至於稱事揚親則一。故曰"其用一也"。

【校訂】用之於天下，《道藏》本無"於"字，下同。

【考説】此言用忤合之術，必據對象而施之。無論對象是大或小，無論進或退，據不同對象而隨機應變則一。陶説以爲臣行反忤之術，稱能助人主成就事業，而暗主無從而覺，臣得親媚，大小進退，皆隨心所欲也。未契其旨。

必先謀慮計定，而後行之以飛箝之術。

【陶注】將行反忤之術,必須先定計謀,然後行之。又用飛箝之術以彌縫之也。

【校訂】陶注"用飛箝之術以彌縫之"之"彌"字,秦恩復曰:"錢本無'彌'字,據《道藏》本增。"

【考說】此言行忤合之術前,必先謀慮計定,然後可行。忤合亦可爲飛箝之準備,二術各有側重,彼此相依。陶說意亦近是。

古之善背向者,乃協四海,包諸侯,忤合之地而化轉之,然後求合。

【陶注】言古之深識背向之理者,乃合同四海,兼併諸侯,驅置忤合之地,然後設法變化而轉移之。衆心既從,乃求其真主而與之合也。

【校訂】"忤合之地"句中"之",橫秋閣本、高氏本作"天"。"然後求合",《道藏》本"然後"有"以之"二字。

【考說】言古代善於運用忤合之術的人,皆深諳背向之理,如此才能在諸侯中,四海內縱橫天下,將天下諸侯玩弄於股掌之間。陶說策士善識別背向之理,即能合四海,并諸侯,求真主而與之合。理亦近是。

故伊尹五就湯,五就桀,而不能有所明,然後合於湯;呂尚三就文王,三入殷,而不能有所明,然後合於文王。

【陶注】伊尹、呂尚所以就桀、紂者,所以忤之令不疑。彼既不疑,然後得合於真主矣。

【校訂】秦恩復曰:"錢本無'桀'字,《道藏》本無'而不能有所明'六字。"秦說誤,《道藏》本有此六字。"呂尚"之"尚",秦恩復曰:"一本作'望'。"

【考說】伊尹,商湯臣,名摯。一說名伊,湯妻陪嫁之臣。後佐湯伐夏桀。呂尚,周初人,姜姓,號爲太公望。相傳釣於渭濱,周文王出獵相遇,與語大悅,同載而歸,立爲師。武王即位,尊爲師尚父。輔佐武王滅殷。此以伊尹、呂尚歷史爲例,言忤合之術可以有多次反復。陶說伊尹背離了夏桀，呂尚背離了紂王，皆不懷疑自己的選擇，故最後得合明主。契合本意。

此知天命之箝，故歸之不疑也。

【陶注】以天命係於殷湯、文王。故二臣歸二主，不疑也。

【考説】此言伊尹合於湯、呂尚合於文王乃天命所歸。陶説是。

非至聖達奧，不能御世；非勞心苦思，不能原事；不悉心見情，不能成名；材質不惠，不能用兵；忠實無真，不能知人。故忤合之道，己必自度材能知睿，量長短遠近孰不如。

【陶注】夫忤合之道，不能行於勝己而必用之於不我若，故知誰不如，然後行之也。

【校訂】至聖達奧，《道藏》本、《品匯釋評》本、乾隆本、《四部叢刊》本"聖"下衍"人"字。非勞心苦思，《道藏》本、《四部叢刊》本無"非"字，橫秋閣本、《品匯釋評》本、高氏本、嘉靖鈔本"非"作"不"。乾隆本據別本補"不"字。"知睿"之"知"，勞權校改爲"智"。

【考説】俞樾曰："惠，讀爲慧，古字通。"此言能成功運用忤合之術，必要求自己對自身有正確的認識，同時要求具有高人一籌之智慧，能勞心苦思，并在完全知悉對方實情的基礎之上。此乃對運用忤合之術的人自身素質的要求。鬼谷學説重自知而後知人，《反應》篇曰"己不先定，牧人不正"，此處強調"己必自度材能知睿"，與《反應》篇通。陶説忤合之道必施於不若吾之人，未盡此句之意。

乃可以進，乃可以退，乃可以縱，乃可以橫。

【陶注】既行忤合之道於不如己者，則進退縱橫，唯吾所欲耳。

【考説】在對自身有充分瞭解基礎上去行忤合之術，則可縱橫天下，唯吾所欲耳。陶説甚是。

揣篇第七

【題解】

揣，以外探内之法。鬼谷學説重探人之内心，尤其是對方的内心世界。但由於人之内心十分隱秘，如何探得頗費思量。揣即爲探對方内心之法也。此法側重從外部信息著手，顯示出極高的智慧。陶弘景曰："揣者，測而探之也。"本篇《太平御覽》引作《揣情》篇。篇下題注，《道藏》本、嘉慶本皆無，今據横秋閣本、高氏本、《四庫全書》本增。本篇旨在説明量權與揣情及其方法，結構上由兩個部分所組成：

前半部分言何謂量權、揣情。"量權"和"揣情"屬於兩個層面：量權即"度於大小，謀於衆寡"，重在瞭解各諸侯國綜合國力，涉及財貨、人口、貧富、天時、地理、人心向背、君臣關係、人才等。揣情即測探對方内心隱秘實情，所謂"常必以其見者，而知其隱者"。量權主要應用於爲君主進行計謀，揣情主要應用於對君主進行游説，"此謀之大本也，而説之法也"。

後半部分言量權、揣情運用於實踐之方法。本篇所論"揣情術"主要包括"以其見者而知其隱者"、"守司關鍵"、"掌幾之勢"三個方面。所謂"以其見者而知其隱者"，即以揣情對象之外在表現揣度其内心情懷。一爲"必以其甚喜之時，往而極其欲也"；二爲"必以其甚懼之時，往而極其惡也"。此兩種方法皆爲利用對方情緒處於"甚喜"或者"極惡"之極端情緒狀態下，利用其心理失控來探測對方内心。如此，對方内情必然表露在外。所謂"守司關鍵"，即對人揣情時要善於預先設置，"先事而生"，做好準備，以便隨機應變，做到"有事於人，人莫先知"。所謂"掌幾之勢"，即把握那些微小的訊息，從中推測事物發展趨勢，或君主的意圖所向。

從上下文結構上看，《揣》篇所論亦爲下文《摩》、《權》、《謀》、《決》之前提與基礎。

古之善用天下者，必量天下之權而揣諸侯之情。量權不審，不知強弱輕重之稱；揣情不審，不知隱匿變化之動靜。

何謂量權？曰：度於大小，謀於眾寡，稱貨財有無之數，料人民多少，饒乏有餘不足幾何？辨地形之險易，孰利孰害？謀慮孰長孰短？揆君臣之親疏，孰賢孰不肖？與賓客之智慧，孰少孰多？觀天時之禍福，孰吉孰凶？諸侯之交，孰用孰不用？百姓之心，去就變化，孰安孰危？孰好孰憎？反側孰辯？能知此者，是謂量權。

【陶注】天下之情，必見於權也，善於量權，其情可得而知之；知其情而用之者，何適而不可哉？

【校訂】稱貨財有無之數，《道藏》本作"稱貨財之有無"。自開頭至此，《道藏》本訛爲陶注。"料人民多"四字，《道藏》本脱。"揆君臣之親疏"之"揆"字，《道藏》本脱。"與賓客之智慧"之"智慧"，《道藏》本作"知睿"。"諸侯之交"之"交"字，《道藏》本作"親"。一本作"親疏"。"反側孰辯"之"辯"字，《道藏》本作"便"。"是謂量權"之"量權"，《道藏》諸本作"權量"。

【考說】此言量權。即對一國綜合國力的充分瞭解，如國土面積大小，謀士多少，經濟實力，人口，地勢，氣候，與諸侯之間的外交關係等。善於量權，則一國之實情皆爲我知。陶說量權可得天下之情，然後可用之也。釋義雖簡，亦合於旨意。俞棪曰："《史記索隱》引高誘曰：'揣，定也；摩，合也。定諸侯使讎其術以成六國之從也。'江瓘曰：'揣人主之情，摩而近之。'"俞引高誘說，以爲揣摩乃策士使諸侯形成六國合縱之術，此就揣摩實際運用效果而言之，爲理解文意添作佐證也。

揣情者，必以其甚喜之時，往而極其欲也，其有欲也，不能隱其情；必以其甚懼之時，往而極其惡也，其有惡也，不能隱其情，情欲必出其變。

【陶注】夫人之性，甚喜則所欲著，甚懼則所惡彰。故因其彰著而往極之，惡欲既極，則其情不隱。是以情欲因喜懼之變而生也。

【校訂】"不能隱其情"後，秦恩復校曰："二句《文選注》引上有'藏形'二字，似誤。"情欲，嘉靖鈔本上有"不能隱"三字，疑衍。"出"，《道藏》本、《品匯釋評》本、嘉靖鈔本、乾隆本作"失"。陶注"夫人之性"之"性"，勞權校作"情"。陶注"情欲因喜懼之變而生"之"生"，《道藏》本、乾隆本作"失"。秦恩復校曰："生，當作'出'。"

【考説】此句言揣情之法，或"極其欲"，或"極其惡"，利用心理失控來探測對方的内心。陶説人之性，甚喜則欲張，甚懼則惡彰，故因而刺激之，對方情欲必出也。於義甚合。

感動而不知其變者，乃且錯其人，勿與語而更問其所親，知其所安。

【陶注】雖因喜懼之時，以欲惡感動而尚不知其變，如此者，乃且置其人，無與之語。徐徐更問斯人之所親，則其情欲所安可知也。

【校訂】"更問其所親"之"其"字，《道藏》本脱。

【考説】此言用"極欲"或"極惡"之法還不能揣其情，則必須更改方式，不再對其使術，而改爲問其親近之人，那麼對方的實情亦可揣知也。陶説若刺激其喜怒尚不能得其術者，乃更爲徐徐問之，則斯情可得也。可參。

夫情變於内者，形見於外。故常必以其見者，而知其隱者。此所以謂測深揣情。

【陶注】夫情貌不差，内變者必外見，故常以其外見而知其内隱。觀色而知情者，必用此道。此所謂"測深揣情"也。

【校訂】"此所以謂"中"以"字，《道藏》本無。"測深揣情"之"揣"，原作"探"。《道藏》本、《品匯釋評》本、乾隆本、《百子全書》本均作"揣"。陶注亦作"揣"，《文選注》引"測深揣情"亦作"揣"。勞權校亦作"揣"，今據改。

【考說】此言揣情之法乃以外見內之原理。因爲人之情發於內，而表現於外，通過對對方外在情態的觀察，揣測出其內心世界。陶說內變者必外現，故常以其外見而知其內心。其以外見內之法，理路亦同於中醫望聞問切也。陶注深得鬼谷之意。

故計國事者，則當審權量；説人主，則當審揣情，謀慮情欲必出於此。

【陶注】審權量則國事可計，審揣情則人主可説。至於謀慮情欲皆揣而後行，故曰"謀慮情欲必出於此"也。

【校訂】"故計國事者"之"者"，陳乃乾《校記》以爲當無。此句《太平御覽》卷四百三十六引《揣情》篇云："説王公君長，則審情以説王公，避所短，從所長。"今本無。

【考說】此言量權與揣情之重要作用。審權量，則可與言國事；明揣情，則人主可説。陶說意亦及此。

乃可貴，乃可賤；乃可重，乃可輕；乃可利，乃可害；乃可成，乃可敗。其數一也。

【陶注】言審於揣術，則貴賤成敗，惟己所制，無非揣術所爲。故曰其數一也。

【考說】《廣雅·釋言》："數，術也。"此言善揣情則貴賤、成敗皆玩於股掌，無所不能。陶說意亦合旨。

故雖有先王之道，聖智之謀，非揣情，隱匿無可索之，此謀之大本也，而說之法也。

【陶注】先王之道，聖智之謀，雖宏曠玄妙，若不兼揣情之術，則彼之隱匿從何而索之。然則揣情者，誠謀之大本而說之法則也。

【校訂】"無可索之"之"可"，《道藏》本作"所"。謀之大本，繆荃孫校曰："'大'因注而衍。"

【考說】此言揣情乃縱橫策士游說或計謀之根本法則，即使能體會先王之道，擁有聖智之謀，亦不成功。陶說意亦合旨。

常有事於人，人莫能先，先事而生，此最難為。

【陶注】挾揣情之術者，必包獨見之明，故有事於人，人莫能先也。又能窮幾應變，故先事而生，自非體玄極妙，則莫能為此矣。故曰此最難為也。

【校訂】"人莫能先，先事而生"，《道藏》本、乾隆本作"人莫先事而至"。俞樾曰："'人莫'下奪'能先'二字。"是。陶注"應變"，秦恩復校曰："《道藏》本作'盡變'。"

【考說】此處言對人行揣術，別人沒有能與之爭先；而揣術在辦事之前預先設計好，這是行揣術最難做到的。陶說擅揣術之人，必有獨見而超乎常人，故人莫能先。而事前預測得當，則最難為。陶注於原意理解多有補充，甚是。

故曰揣情最難守司，言必時其謀慮。

【陶注】人情險於山川，難於知天。今欲揣度而守司之，不亦難乎。故曰'揣情最難守司'。謀慮出於人情，必當知其時節，此其所以為最難也。

【考說】此言揣情之難。行揣術者，言行須時時小心，在謀慮之後而行。陶說揣情必據時而謀，故曰最難。意亦近是。

故觀蜎飛蠕動，無不有利害，可以生事。美生事者，幾之勢也。

【陶注】蜎飛蠕動，微蟲耳，亦猶懷利害之心。故順之則喜說，逆之則勃怒，況於人乎？況於鬼神乎？是以利害者，理所不能無順逆者，事之所必行，然則順之招利，逆之致害，理之常也。故觀此可以成生事之美。生事者，必審幾微之勢，故曰生事者幾之勢也。

【校訂】美生事者，俞樾曰："'美'當作'變'。言蜎飛蠕動之蟲，無不有利害，可以生事變也。變、美，形近而誤。《決篇》'危而美名者'，秦氏校本曰：'美，一本作變'。即其例矣。注曰：'可以成生事之美'，是其所據本已誤。"

【考說】《四部精華》本注曰："蜎飛，蜎，音涓，謂昆蟲飛舞之貌。蠕動，蠕，音儒，謂昆蟲微動之貌。"此言善於用利害之心去分析判斷對方言行，善於從幾無痕迹的言行中分析把握對方心意，揣得實情。陶說亦以策士當用利害說之，大意不差。然謂生事者，必審幾微之勢亦與利害無涉。

此揣情飾言成文章，而後論之也。

【陶注】言既揣知其情，然後修飾言語以導之，故說辭必使成文章而後可論也。

【考說】文章，文辭，說辭。此對揣情言辭之要求。用於揣情之言辭，必須要著意加以修飾，以增強形象性，擴大吸引力，引誘對方敞開胸懷，從而揣測到所要的訊息。陶說以修飾言辭而說，契合其旨。

摩篇第八

【題解】

　　摩，乃摩意之術。摩意之術，強調順應游説對象的欲望，去滿足他，其隱秘實情必爲我出。陶弘景曰："摩者，順而撫之也。摩得其情，則順而撫之以成其事。"中井積德曰："摩在揣度之後，如以手摩弄之也。既能曉通彼人之情懷，而以我之言動搖上下之，以導入於吾囊中也。或揚之，或抑之，皆有激發，即所謂摩也。"（《史記會注考證》卷六十九《蘇秦列傳注》引）蕭登福曰："摩，《廣雅·釋詁一》：'摩，順也。'意謂以事情去順合於所欲説服之君長。"然則摩意之術，以順從對象爲要。本篇名《太平御覽》引作"摩意篇"。篇下題注，《道藏》本、嘉慶本皆無，今據横秋閣本、高氏本、《四庫全書》本增。

　　本篇是關於"摩"之專論，內容涉及摩意之原則、作用、方法、技巧等。全篇結構上由四個部分所組成：

　　首言摩意之原則爲"隱"。隱，即文中所曰"用之有道，其道必隱"。摩，其法爲運用隱蔽手法探測對方内心實情。人之内心乃爲其最隱秘之處，當别人知悉你在探測他内心最隱秘之處時，便會做出自我保護之反應，或有所警覺，使之更爲隱蔽，讓你覺察不到。因此如不遵循隱蔽性原則，摩意便不會成功。同時"隱貌逃情"，也是策士全身遠禍之原則。因爲君主的内心一旦被你知曉，被你掌控或操縱，這樣勢必會對你有所猜忌，如此，你離罹禍也就不遠了。因此在摩意過程中，一定要做到不被對方察覺，達到目的之後，立即隱秘退出，以免暴露。隱蔽性原則要求"能成其事而無患"，善於"塞窌、匿端、隱貌、逃情"，達到全身而退。對方實情已被我得而毫不知情,已方則隨時可退,此乃運用"摩"之原則。

次言摩意之作用。善於摩,則"主事日成而人不知",處理國家大事制定國家政策,能使人民在無形中得利。對外戰爭則能"戰於不爭不費",而"天下比之神明"。故策士務必善於運用摩意來達到目的。

又次言運用摩意之方法。主要有"有以平,有以正,有以喜,有以怒,有以名,有以行,有以廉,有以信,有以利,有以卑"等。針對不同的對象使用不同方法,實際運用過程千變萬化,注意針對不同對象而有選擇地使用。

最後言摩意之技巧。主要有二:其一爲"以其所欲而探之"。欲望乃人行動直接動力,策士們順著游說對象之欲望去說,便能緊緊地吸引對方。以滿足對方欲望爲誘餌,探測對方真實的内心世界。使用此技巧時,須注意隱蔽自己真實意圖。其二爲以類相摩。即想要瞭解對方心理,必然要先熟悉對方性格,按其性格歸納出類別,分別針對不同類別施行摩意之術。

摩者,揣之術也。内符者,揣之主也。

【陶注】謂揣知其情,然後以其所欲切摩之,故摩爲揣之術。内符者,謂情欲動于内而符驗見於外。揣者見外符而知内情,故内符爲揣之主也。

【校訂】"摩者,揣之術也",《太平御覽》引作"摩者,揣之也",《道藏》本作"摩之符也"。陶注"以其所欲切摩之",秦恩復校曰:"《道藏》本無'切'字。"

【考說】此言摩是揣術之一種,揣之主要目的即爲得悉對方内心實情。《韓非子·說難》曰:"凡說之難,在知所說之心。"摩者,揣知所說之心也。尹桐陽曰:"情在於内,摩之可得,則彼情如符信然,故云内符。内符者,猶云内心符也。《墨子》書者多作也。"俞樾曰:"《學記》曰:'相觀而善之謂摩。'摩者,由外而合於内者也。"尹、俞說皆謂摩爲以外探内,甚是。陶注以對方所欲而摩之,與下文合。

用之有道，其道必隱。

【陶注】揣者所以度其情慕，摩者所以動其内符。用揣摩者，必先定其理，故曰"用之有道"。然則以情度情，情本潛密，故曰"其道必隱"也。

【考説】此言摩術之用，當以隱爲原則。其用必暗中進行，勿讓對方知曉。陶説對方之情本隱秘，故用之必隱，合於文意。

微摩之，以其所欲，測而探之，内符必應。其所應也，必有爲之。

【陶注】言既揣知其情所趨向，然後以其所欲微切摩之，得所欲而情必動。又測而探之，如此則内符必應。内符既應，必欲爲其所爲也。

【校訂】秦恩復曰："別本'微'字接前隱字爲句。"其所應也，《道藏》本、乾隆本、《百子全書》本無"所"字。

【考説】此言用摩之時，須順對方喜好願望，測而探之，對方内心實情必然有所流露。一旦有應，則加以利用。陶説以爲人得所欲則情必動，故可測而探之，於義有補。

故微而去之，是謂塞窌、匿端、隱貌、逃情，而人不知，故能成其事而無患。

【陶注】君既欲爲，事必可成，然後從之；臣事貴於無成有終，故微而去之爾。若己不同於此，計令功歸於君，如此可謂塞窌、匿端、隱貌、逃情。情逃而窌塞，則人何從而知之。人既不知，所以息其僭妒，故能成事而無患也。

【校訂】陶注"息其僭妒"之"僭"，秦恩復校："疑作'譖'。"陶注"故能成事而無患"之"而"，勞權校作"亦"。

【考説】尹桐陽曰："窌、端，皆所以藏物者。"《四部精華》注曰："窌，音教，與窖同，地藏也。塞窌匿端，謂塞其所藏而隱匿其端，不使人見也。"此言摩之目的達到後，當暗中退出。自始至終，對方均不知曉，如此便能取得成功而不會留下禍患。陶説策士若計策無成,則暗中謀劃離去,且功勞均歸於人君,而暗自堵塞漏洞,無使人知而逃去也。如此而能無患。甚得文意。

摩之在此,符應在彼,從而用之,事無不可。

【陶注】此摩甚微,彼應自著。觀者但覩其著而不見其微,如此用之,功專在彼,故事無不可也。

【校訂】"符應在彼,從而用之",《道藏》本、乾隆本、《百子全書》本作"符之在彼,從而應之"。陶注"彼應自著"之"應",陳乃乾《校記》作"符"。

【考説】此言摩之神奇。只要善於使用,則必成功。陶説摩之效果,以微見著,事無不可,於義亦合。

古之善摩者,如操鈎而臨深淵,餌而投之,必得魚焉。故曰主事日成而人不知,主兵日勝而人不畏也。

【陶注】釣者露餌而藏鈎,故魚不見鈎而可得,賢者顯功而隱摩,故人不知摩而自服,故曰"主事日成而人不知"也。兵勝由於善摩,摩隱則無從而畏,故曰"主兵日勝而人不畏"也。

【校訂】鈎,勞權校作"釣"。

【考説】此言用摩之術而達到的效果。以投餌而得深淵之魚爲喻,善摩之人,治國使民,戰場取勝均成於無形。陶説意亦及此。

聖人謀之於陰,故曰神;成之於陽,故曰明。

【陶注】潛謀陰密,日用不知,若神道之不測,故曰神也。功成事遂,煥然彰著,故曰明也。

【考説】此言善用摩者若聖人,用力於無形,而成就顯著。陶説謀於潛密而功彰明,合於文意。

所謂主事日成者，積德也，而民安之不知其所以利；積善也，而民道之不知其所以然，而天下比之神明也。

【陶注】聖人者，體神道而設教，參天地而施化，韜光晦迹，藏用顯仁。故人安德而不知其所以利，從道而不知其所以然，故比之神明也。

【校訂】"積善也"之"也"字，秦恩復校曰："錢本作'智'。"

【考説】此言用摩術治國，則民享恩德而不知德從何來；民享其利，而不知利起何處。此成功於無形之例。陶説以"仁"，乃儒家立場，非縱橫家言。

　　主兵日勝者，常戰於不爭不費，而民不知所以服，不知所以畏，而天下比之神明。

【陶注】善戰者，絶禍於心胸，禁邪於未萌。故以不爭爲戰，師旅不起，故國用不費。至德潛暢，玄風遐扇，功成事就，百姓皆得自然。故不知所以服，不知所以畏，比之於神明也。

【校訂】"不爭"下，勞權校補"國"字。

【考説】此言用摩術馭兵，則可消弭戰爭於無形，陶説意亦近是，然"玄風遐扇"之説，乃就魏晉時代而言，非縱橫學説，陶注似誤。尹桐陽曰："《鶡冠子·武靈王》篇：'寡人聞飛語流傳曰：百戰百勝，非善之善者也；不戰而勝，善之善者也。願聞其解。'蓋由此篇'主兵日勝'、'常戰於不爭'語而推出者。"尹説"百戰百勝，非善之善者也；不戰而勝，善之善者也"，蓋由此處推出，恐未必是。此乃戰國時格言，鬼谷先生化用之也。

　　其摩者，有以平，有以正，有以喜，有以怒，有以名，有以行，有以廉，有以信，有以利，有以卑。

【陶注】凡此十者，皆摩之所由而發。言人之材性參差，事務變化，故摩者亦消息盈虛，因幾而動之。

【校訂】"其摩者"之"其"字，秦恩復校曰："別本無'其'字。"

【考説】此言摩之十種方法。此十種方法乃針對十種不同個性之人而實施,陶説以人材性不同,故因幾而動。於義亦合。

平者,静也;正者,宜也;喜者,悦也;怒者,動也;名者,發也;行者,成也;廉者,潔也;信者,期也;利者,求也;卑者,諂也。

【陶注】名貴發揚,故曰發也;行貴成功,故曰成也。

【校訂】宜,《道藏》本作"直"。期,《道藏》本作"明"。

【考説】此言十種方法使用之結果。陶説僅釋"名者,發也;行者,成也",而未及其他,恐有佚失也。

故聖人所以獨用者,衆人皆有之。然無成功者,其用之非也。

【陶注】言上十事,聖人獨用以爲摩而能成功立事。然衆人莫不有之,所以用之非其道,故不能成功也。

【校訂】聖人所以獨用,《道藏》本"聖"下無"人"字,"所"下無"以"字。

【考説】此言十種方法的使用要遵循因人而異的規律。陶説若用之無道,則不成功,於義亦合。

故謀莫難於周密,説莫難於悉聽,事莫難於必成。此三者,唯聖人然後能任之。

【陶注】謀不周密則失機而害成,説不悉聽則違理而生疑,事不必成則止簣而中廢,皆有所難。能任之而無疑者,其唯聖人乎?

【校訂】《太平御覽》引"悉聽"作"悉行"。唯聖人,《道藏》本、乾隆本、《百子全書》本脱。陶注云"其唯聖人乎",則陶所見本已有此三字。

任，《道藏》本、乾隆本、《百子全書》本脱。陶注"皆有所難"，勞權校於"皆有所難"前補"三者"二字。

【考説】此言計謀最難者在於做到周密，游説最難者在於做到讓對方全部聽取己方意見，做事最難者在於讓所做之事必定成功。此三者，只有聖人才能够做得到。陶説意亦及此。《鄧析子·轉辭》篇曰："謀莫難於必聽，事莫難於必成。"

故謀必欲周密，必擇其所與通者説也，故曰或結而無隙也。

【陶注】爲通者説謀，彼必虚受，如受石投水，開流而納泉，如此則何隙而可得，故曰"結而無隙"也。

【校訂】陶注"彼必虚受"之"受"，秦恩復校曰："别本作'更'。"如受石，秦恩復校曰："一本作'如運石'。"勞權校改"受"爲"運"，"石"下補"而"字。

【考説】此言謀必與己意相通者才告知，以保周密，亦能與此結而無隙。陶説言謀必與心意相通而懂此謀之人相與説，則結而無隙。甚合文意。

夫事成必合於數，故曰道、數與時相偶者也。

【陶注】夫謀成，必先考合於術數，故道、數、時三者相偶合，然後事可成而功可立也。

【校訂】陶注"夫謀成"三字，陳乃乾《校記》於此後補"事"。

【考説】此言事能成功，還要看天時、規律、技巧是否巧合。陶説意亦及此。

説者聽必合於情，故曰情合者聽。

【陶注】進説而能令聽者，其唯情合者乎。

【校訂】別本"聽"前有"必"字。

【考説】此言只有内情切合者才會聽取，故游説擇與己情合者去説。陶説是。

故物歸類，抱薪趨火，燥者先然；平地注水，濕者先濡。此物類相應於勢譬猶是也。此言内符之應外摩也如是。

【陶注】言内符之應外摩，得類則應。譬猶水流就濕，火行就燥也。

【校訂】此物類相應，《意林》引作"此類相應也"。

【考説】此言摩意與自然界物類相應原理相通，只有内情相通，方可實施。鬼谷之學重視類推之理，於此可見一斑。陶説深得其意。

故曰摩之以其類焉，有不相應者，乃摩之以其欲，焉有不聽者？故曰獨行之道。

【陶注】善於摩者，其唯聖人乎！故曰"獨行之道"也。

【考説】此言摩術之兩原理，一爲同類相應而摩，一爲順其欲相摩。陶説僅聖人善摩，於義未合。

夫幾者不晚，成而不拘，久而化成。

【陶注】見幾而作，何晚之有？功成不居，何拘之有？久行此二者，可以化天下。

【考説】俞樾曰："不拘即不居。"此言運用摩術，既要善於把握時機，又要功成不居，才能成功。陶説兩者兼及，於義相合。

權篇第九

【題解】

《鬼谷子》第七篇曾論及"量權"。量權,即"量天下之權",總言之,對各國實情與諸國間局勢作宏觀把握,爲謀劃國家戰略,制定基本國策提供參照。本篇之"權",與"量權"不同,範圍僅限於游説,意即運用言辭技巧須衡量對象特點,謹慎加以選擇。陶弘景曰:"權者,反復進卻以居當也。"陶説權,乃反復權衡之意,未及游説,意有未盡。尹桐陽曰:"篇中所記臚舉言辭種類而解釋之,則'權'字當同'讞'。《説文》:'讞,慧也。'謂言之慧也。"尹説權乃智慧之説,揭櫫本意。蕭登福曰:"《權》篇旨在告訴我們,在進行説服工作時,我們必須將所要使用的言談技巧,與所要説服的對象,加以謹慎權衡選擇。"蕭説明白曉暢。本篇《太平御覽》引作"量權篇"。篇下題注,《道藏》本、嘉慶本皆無,今據横秋閣本、高氏本、《四庫全書》本增。

《鬼谷子》作爲縱横家惟一子書,對游説原理與方法特別重視,本篇即爲討論游説原理與技術的專論,在結構上由五個部分所組成:

首言策士爲何要注意語言修辭。文中提出,因爲策士謀生之主要手段即爲游説。游説,即"説者,説之也;説之者,資之也",從己方看,游説即爲了説服對方;從對方看,你要説服他必須要對他有所幫助,他才會聽。而要達到目的,必須善於"飾言",也即要注意語言的修辭問題。所謂飾言,即通過對文辭之增減來達到目的。在應對、問難、申説等對話過程之中,做到"飾言",如此游説可期。

次言策士須掌握佞言、諛言、平言、戚言、静言等説辭之特徵。佞言,揣度對方意圖而設置説辭,其目的爲了讓對方覺得言者對他忠心耿耿,以便於聽從或接受;諛言,繁稱文辭,爲對方論點多方尋找證據,讓對方覺得言者博學多識,爲博取對方信任打下基礎;平言,該講則講,該停則停,讓對方覺得言者勇於決事,從而聽取言者的決策;戚言,以悲戚言辭説心中之言,以博得對方同情,取得信任;静言,自知己方不足,故意加以掩蓋,反而責備他人之不足,以求得辯駁勝利,讓對方聽從我方之決策。策士熟悉此五種説辭之特徵與目的,便可依據人主的不同情況而有選擇地使用説辭,從而達到説辯目的。

又次言策士游説時言辭繁多而不出現問題之方法。俗語云"言多必失",本篇亦曰"言者有忌諱也"。言辭繁多,如何才能做到不留把柄,不會失誤,主要依靠口、耳、心三者高度協調統一。口要慎言,因爲口爲心宣,心中所想,自然口中流露。而《鬼谷子》强調心中所想不被人知,提倡"陰謀",故口在言説之時一定要慎重。所謂"口可以食,不可以言",也即防止言多必失現象發生。

又次言進獻説辭之方法,即"用其長"的方法。有"言其有利者,從其所長也","言其有害者,避其所短也"等。此外,言辭上的也有病、怨、憂、怒、喜等毛病需要避免。此五種言辭,一般應注意避免;但如若掌握了其特殊妙用,在特定場合、特殊情況下使用,卻能起到正常言辭所不能起到之良好作用。

最後言進獻説辭之原則。須針對智者、博者、辨者、貴者、富者、貧者、賤者、勇者、愚者等不同對象,施以不同言辭。

説者,説之也;説之者,資之也。

【陶注】説者,説之於彼人也;説之者,所以資於彼人也。資,取也。

【校訂】説者,《道藏》本、嘉靖鈔本、《百子全書》本作"説之者"。

【考説】尹桐陽曰:"上'説'謂言説,下'説'謂喜悦。"此言從己方看,游説即爲了説服對方;從對方看,你要説服他必須要對他有所幫助,對方才會聽取你的意見。陶釋"資"爲取,非是。資,當爲助也。尹説"説"爲悦，讓對方喜悦，意亦近是。

飾言者，假之也；假之者，益損也；

【陶注】說者所以文飾言語，但假借以求入於彼，非事要也。亦既假之，須有損益，故曰"假之者，損益也"。

【考說】此言修飾言辭，即需借助他人言辭；借助時要作些損益，不能照搬。陶說游說時須文飾言辭，文飾亦有損益。合於文意。

應對者，利辭也；利辭者，輕論也；

【陶注】謂彼有所問，卒應而對之，但便利辭也。辭務便利，故所論之事，自然利辭，非至言也。

【校訂】論，嘉靖鈔本脫。陶注"自然"後，勞權校補"易言"二字。

【考說】此言猝然對答之時，須用簡便的言辭快速作答。陶說意爲猝然應答，辭務便利，未詳加斟酌，故"非至言也"。陶說於意多有發明，有助理解。

成義者，明之也；明之者，符驗也。

【陶注】覈實事務以成義理者，欲明其真偽也。真偽既明則符驗自著，故曰"明之者，符驗也"。

【考說】尹桐陽曰："'成'同'誠'，信也；義，議也；'明'即'盟'，亦信也。"意即講信義的言辭定能獲得對方真實的回應。此與鬼谷之學重術輕信之義不合。成義，成義理的言辭。此言成義理的言辭必須要讓對方明白某個道理，若使對方明白某個道理，又必須要舉事實加以驗證。陶說核實事務以證真偽，真偽明則符驗自著，於義未合。

言或反覆，欲相卻也。難言者，卻論也，卻論者，釣幾也。

【陶注】言或不合，反覆相難，所以卻論前事也。卻論者，必理精而事明，幾微可得而盡矣，故曰"卻論者，釣幾也"。求其深隱曰釣也。

【校訂】"言或反覆，欲相卻也"八字，秦恩復校云："錢本無'言或反覆，欲相卻也'八字。《道藏》本有，當是正文，觀注可見。"《道藏》本、嘉靖鈔本、乾隆本在注中。今據《道藏》本、陶弘景注增。

【考說】此言雙方互相論難之時，言辭互相論難而不一致，乃是因爲雙方欲望有距離。如此，則用難言。難言者，突然發難而退言前事，對方欲望必露，其内心之幾必爲我得，故曰釣幾。陶説未及對方之欲望爲幾，則曰釣幾，未合邏輯矣。然意亦不差。

佞言者，諂而干忠；

【陶注】諂者，先意承欲以求忠名，故曰"諂而干忠"。

【校訂】干，《道藏》本、嘉靖鈔本、《品彙釋評》本、乾隆本皆作"于"。

【考說】佞言，讒佞之言。此言用奸巧的言辭巴結對象，以求得忠誠之名。陶説意亦合旨。

諛言者，博而干智；

【陶注】博者，繁稱文辭以求智名，故曰"博而干智"。

【校訂】干，《道藏》本、嘉靖鈔本、《品彙釋評》本、乾隆本皆作"于"。

【考說】諛言，阿諛奉承之言。此言博引文辭奉承對象，以求得智者之名。陶説是。

平言者，決而干勇；

【陶注】決者，縱舍不疑以求勇名，故曰"決而干勇"。

【校訂】干，《道藏》本、嘉靖鈔本、《品彙釋評》本、乾隆本皆作"于"。

【考說】平言即直截了當之言。此言用直截了當的言辭來説，以敢於直言勇於決策而求得勇者的名聲。陶説意亦及此。

戚言者，權而干信；

【陶注】戚者，憂也。謂象憂戚而陳言也。權者策選進謀，以求信名，故曰"權而干信"。

【校訂】干，《道藏》本、嘉靖鈔本、《品彙釋評》本、乾隆本皆作"于"。

【考說】戚言，說出悲戚的話。權而干信，此言根據形勢權且裝出憂戚的樣子，說出悲傷的話，以博得對方同情，從而贏得對方信任。陶說意亦合旨。

静言者，反而干勝。

【陶注】静言者，謂象清淨而陳言。反者，他分不足以窒非，以求勝名，故曰"反而干勝"。

【校訂】干，《道藏》本、嘉靖鈔本、《品彙釋評》本、乾隆本皆作"于"。

【考說】静即靖，謀議。反，自己理由不足反而責備他人的不足。此言有謀略的話，是自知自己不足反而責備他人不足，以求得辯駁勝利。陶說"他分不足以窒非"，意謂不自知而内訟，而反攻人之過，窒他爲非，如此求勝，合乎題旨。

先意承欲者，諂也；繁稱文辭者，博也；縱舍不疑者，決也；策選進謀者，權也；先分不足以窒非者，反也。

【陶注】己實不足，不自知而内訟，而反攻人之過，窒他爲非，如此者反也。

【校訂】承，《道藏》本、《百子全書》本作"成"。疑，《道藏》本、嘉靖鈔本作"宜"。"先分不足以窒非"之"先"，原作"他"，今依《道藏》本改。"以"字，《道藏》本、《品彙釋評》本、《百子全書》本作"而"。

【考說】先意承欲，謂先預測到對方的欲望，然後順著其欲望去說，此謂諂。繁稱文辭謂博。敢於直言謂決。設計計策而得進獻謀略者爲權。先分不足以窒非，謂自己理由不足而反攻人之過，致他爲非。此句補充申説上述五言。陶説僅就後一句作解，殊爲遺憾。

故口者，機關也，所以關閉情意也；耳目者，心之佐助也，所以窺覦奸邪。

【陶注】口者所以發言語，故曰機關也。情意宣否在於機關，故曰所以開閉情意也。耳目者所以助心通理，故曰心之佐助也。心得耳目即能窺見間隙，見彼奸邪，故曰窺覦奸邪也。

【校訂】"機關"之"機"，《道藏》本作"幾"。"關閉情意"之"關"，《道藏》本、《百子全書》本脱。《道藏》本注曰"所以關閉情意"，則原有"關"字。嘉慶本正文及注均作"開閉"。《藝文類聚》卷十七、《太平御覽》卷三百六十七、《説郛》本、藍格本作"開"。"關"與"開"，形近而誤。陳乃乾《校記》亦作"開"。下注同。

【考説】尹桐陽曰："幾同機；間，隙也。"蕭登福曰："覦，或作'瞯'。"覦，同瞯，窺視。此言人之内心情意皆由口出，而耳目皆輔佐心，心、耳、目并用，則奸邪可察。陶説口爲言語之機關，情意宣否在於口，故能關閉情意。耳目能窺奸邪，故爲心之助。此與《揵闔》相關，於義及是。俞樾曰："此本作'窺閑奸邪'。閑當讀爲見，窺閑即窺見也。"俞説有理，可参。

故曰參調而應，利道而動。

【陶注】耳、目、心三者調和而相應，則動必成功，吉無不利。其所以無不利者，則以順道而動，故曰"參調而應，利道而動"也。

【考説】此言口、耳、目三者調和相應，則向有利於己的方向而動。陶説耳目心調和相應，則動必成功而無不利。於義相合。

故繁言而不亂，翱翔而不迷，變易而不危者，睹要得理。

【陶注】苟能睹要得理，便可曲成不失。故雖繁言紛葩而不亂，翱翔越道而不迷，變易改常而不危也。

【校訂】繁，《道藏》本、《百子全書》本作"繫"。睹，《道藏》本、《說郛》本、《品彙釋評》本、乾隆本、《百子全書》本作"觀"。

【考說】危，讀若詭，欺詐。《孫子兵法·計》："兵者，詭道也。"俞樾曰："危，讀爲詭。與《內揵》篇'危與'之'危'同。言變易而不詭譎也。"此言要善於在各種複雜的言辭中，辨別出要理。反過來，一旦抓住中心要理，便不會被各種言辭所迷惑。陶說睹要得理，便不亂、不迷、不危而無失。意亦近是。

故無目者，不可示以五色；無耳者，不可告以五音。

【陶注】五色爲有目者施，故無目者不可得而示；五音爲有耳者作，故無耳者不可得而告。此二者爲下文分也。

【考說】此言游說當有針對性而實施。陶說無目不得而示，無耳不得而告，甚是。

故不可以往者，無所開之也；不可以來者，無所受之也。物有不通者，聖人故不事也。

【陶注】此不可以往說於彼者，爲彼暗滯，無所可開也；彼所以不來說於此者，爲此淺局無所可受也。夫淺局之與暗滯，常閉塞而不通，故聖人不事也。

【校訂】聖人，《道藏》本、乾隆本、《百子全書》本無。

【考說】此言若不往去游說，則不會打開對方心扉而瞭解實情；若不讓他人前來游說，則不會得到對方之想法。雙方訊息不通，聖人即不亂做。陶說人主暗滯不開，策士故不往說，人主淺局不受，策士故不往事，於意旨合。尹桐陽曰："'所'同'許'，聽也；開，即並，相從也。所開謂聽從，所受謂聽受，故言也。故不事者，謂言當止而不事。"尹說可參。

古人有言曰："口可以食，不可以言。言者，有諱忌也。

眾口爍金,言有曲故也。"

【陶注】口食可以肥百體,故可食也;口言或有招百殃,故不可以言也。言者觸忌諱,故曰有忌諱也。金爲堅物,眾口能爍之,則以眾口有私曲故也,故曰"言有曲故"也。

【校訂】"言者"之"言",原脫。今據《道藏》本、乾隆本、《百子全書》本補。

【考說】此言古人云:口用來吃飯,但不能隨便説話。説話須有所顧忌。諺語曰:"眾口鑠金。"以在説話時懷有私心而難免歪曲事實的緣故。陶説口言或招百殃,故有忌諱,甚是。俞樾曰:"'口可以食,不可以言,言有諱忌也',乃引古人之言而釋之。'眾口鑠金,言有曲故也',亦引古人之言而釋之。兩云言有,文義一律。"俞説未及文意,乃指出此處以古人之言證之,當就本篇之章法而論,亦可參。

人之情,出言則欲聽,舉事則欲成。

【陶注】可聽在於合彼,可成在於順理。此爲下起端也。

【考說】此言按人之常情,自己説話總是希望有人來聽,自己辦事總希望能成功。陶説若想他人聽己,己必合於對方;若想辦事得成,所作必合事理。陶説於義有補。

是故智者不用其所短,而用愚人之所長;不用其所拙,而用愚人之所工,故不困也。

【陶注】智者之短,不勝愚人之長;智者之拙,不勝愚人之工。常能棄此拙短而用彼工長,故不困也。

【校訂】不用其所拙,嘉靖鈔本前有"知者"二字。"愚人之所工",《意林》引"工"作"巧"。此句陶注,《道藏》本、乾隆本"愚人之長"下有"故用愚人之長也","愚人之工"下有"故用愚人之工也"。

【考說】此言智者善於揚長避短,故能成功。陶説意亦近是,而以爲

"智者之短,不勝愚人之長;智者之拙,不勝愚人之工",則能辯證解釋,與鬼谷之意合。

言其有利者,從其所長也;言其有害者,避其所短也。

【陶注】人能從利之所長,避害之所短,故出言必見聽,舉事必成功也。

【校訂】《太平御覽》引注曰:"人辭說,條通理達,即敘述從其長者,以昭其德。人言壅滯,即避其短,稱宣其善,以顯其行。言說之樞機,事物之志務者也。"

【考說】此言說話技巧與忌諱,爲獲利則從長處說,爲避禍則少說其短。此從人之心理而論言說之方法。陶注申說人之本性,皆欲趨利避害,若能從其所長,避其所短,則出言必聽,舉事必成。甚合其旨。

故介蟲之捍也,必以堅厚;螫蟲之動也,必以毒螫。故禽獸知用其長,而談者亦知其用而用也。

【陶注】言介蟲之捍也,入堅厚以自藏;螫蟲之動也,行毒螫以自衛,此用其所長,故能自勉於害,至於他鳥獸,莫不知用其長,以自保全。談者感此,亦知其所用而用也。

【校訂】捍,《道藏》本作"悍"。"禽獸知用其長"之"知",《道藏》本、嘉靖鈔本、《百子全書》本作"之"。亦,《道藏》本、嘉靖鈔本、乾隆本、《百子全書》本無。其用,《道藏》本、嘉靖鈔本、乾隆本、《百子全書》本作"用其"。

【考說】此言介蟲、螫蟲均知揚長避短,游說則更如此。陶說詳細,意亦及此。此句《太平御覽》引作"介蟲之捍,必以甲而後動;螫蟲之動,必先螫毒。故禽獸知其所長,而談者不知用也"。注云:"蟲以甲自覆鄣,而言說者不知其長。"可參。

故曰辭言有五:曰病、曰恐、曰憂、曰怒、曰喜。

【陶注】五者有一，必失中和而不平暢。

【校訂】有，《道藏》本無。辭言，《百子全書》本作"言辭"。恐，《道藏》本、《百子全書》本作"怨"。下"恐"字同。

【考説】辭言，此處意爲不被人接受之言。此言舉五種禁忌之言，以啓下文。陶説從五辭言之後果論，於義有補。

病者，感衰氣而不神也；恐者，腸絶而無主也；憂者，閉塞而不泄也；怒者，妄動而不治也；喜者，宣散而無要也。

【陶注】病者恍惚，故氣衰而言不神也；恐者内動，故腸絶而言無主也；憂者怏悒，故閉塞而言不泄也；怒者鬱勃，故妄動而言不治也；喜者摇蕩，故宣散而言無要也。

【校訂】"病者"二字前，《道藏》本有"故曰"二字。

【考説】此言説辯中的忌辭有五種，即病言、恐言、憂言、怒言、喜言。病言，就像病人氣力不足那樣没有神氣。恐言，就像人害怕得斷了腸子那樣没有主見。憂言，就像人愁思不通那樣不暢達。怒言，就像人怒火攻心胡撞亂動那樣没有條理。喜言，就像人得意忘形不知所爲那樣没有要點。陶説從人之心理爲説，有補文意。俞棪曰："《易·繫辭》曰：'將欲叛者，其辭慚；中心疑者，其辭枝；吉人之辭寡，躁人之辭多；誣善之人，其辭游；失其守者，其辭屈。'此六辭者，五病之變也。又《大學·曾子傳》：'身有所忿懥則不得其正；有所恐懼則不得其正；有所好樂則不得其正；有所憂患則不得其正。'《鬼谷》之説本此。"俞説爲理解本意提供資料，可參。

此五者，精則用之，利則行之。

【陶注】此五者既失其平常，故用之在精，而行之在利。其不精利則廢而止之也。

【校訂】陶注"其不精利"，勞權校補作"其不精不利"。

【考説】言此五者只有精通才能使用，只有有利才可實行，不精不利则不行也。陶説意亦及此。

故與智者言，依於博；與博者言，依於辨；與辨者言，依於要；與貴者言，依於勢；與富者言，依於高；與貧者言，依於利；與賤者言，依於謙；與勇者言，依於敢；與愚者言，依於鋭。此其術也，而人常反之。

【陶注】此量宜發言，言之術也。不達者反之，則逆理而不免於害也。

【校訂】"與博者言"之"博"，《道藏》本、嘉靖鈔本、《百子全書》本作"拙"。"依於辨"之"辨"，嘉靖鈔本作"辯"。下字同。愚，《道藏》本作"過"，別本作"通"。術，《太平御覽》引作"説"。

【考説】此言依據不同對象施以不同言辭。陶説"量宜發言"即因人而言之意，甚是。此又見《鄧析子・轉辭篇》，而文字小異："夫言之術，與智者言，依於博；與博者言，依於辯；與辯者言，依於安；與貴者言，依於勢；與富者言，依於豪；與貧者言，依於利；與勇者言，依於敢；與愚者言，依於説，此言之術也。"可參。

是故與智者言，將以此明之；與不智者言，將以此教之，而甚難爲也。

【陶注】與智者語，將以明斯術；與不智者語，將以此術教之。然人迷日久，教之不易，故難爲也。

【校訂】以此，《道藏》本、乾隆本、《百子全書》本倒作"此以"，下同。而甚，《百子全書》本作"然人"。陶注"人迷日久"之"日"字下，《道藏》本衍"因"字。

【考説】言"權"術運用於智者，則易明而接受，教不智者此術，則甚難爲。陶説是。

故言多類，事多變。故終日言，不失其類而事不亂。

【陶注】言者條流舛雜，故多類也；事則隨時而化，故多變也。若言不失類，則事亦不亂也。

【校訂】而事，《道藏》本、乾隆本、《百子全書》本作"故事"，嘉靖鈔本作"故此"。

【考説】此言言辭有不同種類，事情千變萬化。只要根據實際情況，選擇不同種類的言辭去説，事情就不會向不利於自己的方面變化。陶説言雖多變，而不失類，則事皆不亂，合乎文意。

終日不變而不失其主。

【陶注】不亂故不變，不變故存主有常。

【校訂】"不變"之"不"，俞樾以爲衍字，曰："此本作'終日變而不失其主'，與上文'終日言不失其類'相對。注云'不亂故不變'，是其所據本已衍'不'字。"

【考説】此言終日言説，但不離"權"術。此處"主"字當以本篇之主旨"權"解。陶説主謂"人主"，未達句意，然亦可參。

故智貴不妄。

【陶注】能令有常而不變者，智之用也，故其智可貴而不妄也。

【校訂】妄，原作"忘"，今據《道藏》本、嘉靖鈔本、《品彙釋評》本、乾隆本、《百子全書》本改，下注同。

【考説】此謂智貴不妄動。陶説是。

聽貴聰，智貴明，辭貴奇。

【陶注】聽聰則真僞不亂，知明則可否自分，辭奇則是非有詮。三者能行則功成事立。故須貴也。

【校訂】陶注"是非有詮"之"詮"，《道藏》本、乾隆本作"證"。

【考説】此言説辭貴在新奇。陶説是。

謀篇第十

【題解】

謀，即謀劃，制定計謀。本篇《太平御覽》引作《謀慮》篇。本篇的題注已佚失，從內容看是關於計謀的專論。全篇結構上由五個部分所組成：

首言計謀之產生及其理論來源。凡謀劃策略，皆有其一定規律。即從事物之因果關係中追尋當前問題產生的原因與其發生的經過，此即"審得其情"。知悉實情之後，設計上策、中策和下策。然後根據需求確定一種，或吸取各種計策優點，計謀於是就產生了。而在計謀制定之前，策士須對有關情況作全盤掌握，也即"度材量能"，然後才能進行計謀的策劃。此乃計謀產生之前提。由於事物皆在不斷的運動與變化之中，對事物客觀情況的把握，主要側重於事物運動之相同或不同之處。事物運動必產生縫隙，正所謂"牆壞於其隙，木毀於其節，斯蓋其分也"，謀略即從其縫隙中找尋對方之弱點，"此所以察同異之分也"。事物之縫隙即產生變化的地方，新事物則有可能從縫隙之中產生，新謀略也隨之產生，"故變生事，事生謀"。故謀略一定要在雙方不同之處下手，此乃謀略之原則。

次言計謀應有針對性。策士計謀須針對仁人、勇士、智者、愚者、不肖者、貪者等不同對象，設計計謀，使計謀有明確針對性與指向性。只有針對對象特點進行謀劃，才能取得效果。

又次言計謀之總方法，即"善因"。"因"爲戰國時期人們普遍討論的熱點話題之一。在老莊道家，"因"爲順應自然。在黃老道家，"因"論乃是一種"君術"。在兵家，"因"是戰略戰術的一個重要原則。《史記·孫子吳起列傳》引孫臏之語云："善戰者，因其勢而利導之。"《鬼谷子》亦論"因"，並把"因"看作處理游説與謀略等問題的一個原則與謀略的總方法。《忤合》篇曰："反覆相求，因事爲制。是以聖人居天地之間，立身御世、施教、揚聲、明名也，必因事物之會，觀天時之宜，因知所多所少，以此先知之，與之轉化。"或反或覆，推求事理時，都要根據事情的具體情況來制定策略。因此，聖人在天地之間，立身御世，都是順應事物的發展規律，看天時是否相宜，據此來作相應變化。本篇論計謀，曰："因其見以然之，因其説以要之，因其勢以成之，因其惡以權之，因其患以斥之。"強調計謀應善於依憑並利用客觀形勢，因勢利導，達成自己的目的。有時須按照"因"的方法，結合抵巇術擊其危險之處，采用"摩而恐之，高而動之，微而證之，符而應之，擁而塞之，亂而惑之"的"計謀"。當然，在計謀時，要結合"摩"，注意隱匿於陰。計謀制定的大忌即泄密。"謀之於陰"而勿讓人知，計謀可成，此即所謂"陰"謀。

最後言能够懂得在忠信、仁義與中正法則的前提下運用謀略的人，才能與其談計謀。此乃對計謀使用之道德約束。《鬼谷子》雖然出發點是爲了個人實現理想與自我價值，主張運用計謀達到目的，但是並非主張不擇手段。其所主張的"陰謀"，亦只是強調謀略不外泄，而非謀求幹壞事。相反，《鬼谷子》主張計謀也須在仁義、忠信等道德法則下進行。此乃讀《鬼谷子》須注意之處。

　　凡謀有道，必得其所因，以求其情。
　　【陶注】得其所因，則其情可求；見情而謀，則事無不濟。
　　【校訂】"凡謀有道"，《道藏》本四字前衍"爲人"二字。
　　【考説】此言計謀有規律可尋。其規律即運用因果關係，由原因探尋結果，由結果追索原因，在因果關係中，求得實情。得情之後，再行謀略。陶説以因求情，得情而謀，甚是。

審得其情，乃立三儀。三儀者，曰上，曰中，曰下，參以立焉，以生奇。奇不知其所壅，始於古之所從。

　　【陶注】言審情之術，必立上智、中才、下愚。三者參以驗之，然後奇計可得而生，奇計既生，莫不通達，故不知其所壅蔽。然此奇計，非自今也，乃始於古之順道而動者，蓋從於順也。

　　【校訂】"奇不知其所壅"之"奇"，嘉靖鈔本作"計"。"壅"，《道藏》本、乾隆本、《百子全書》本作"擁"。下注同。此句《太平御覽》引作"乃立三儀：曰上、中、下。曰參以立焉"，引佚注曰："三儀，有上有下有中。"

　　【考說】尹桐陽曰："儀，度也，謀也。三儀者，若後世之云三計三策然。"此言審得其情後，設計上、中、下三種計策。然後比較三種計策，確定所需要的是哪一種，奇計就產生了。奇計產生後無往而不勝。這種計謀的方法始於古人的實踐。陶說審情之術有三，曰上中下，然後可得奇計。奇計既得，則擁閉可開。然得奇計亦非易事，必順道而行也。於義有補。

　　故鄭人之取玉也，載司南之車，爲其不惑也。夫度材量能揣情者，亦事之司南也。

　　【校訂】秦恩復校曰："'載'字上《藝文類聚》有'必'字，《宋書·禮志》同。"

　　【考說】此句無陶注。司南，即指南針，古代用來測方向的儀器。此言做事欲成功，必以揣情爲指導。《意林》："指南車見《周官》，亦見鬼谷子先生作。"俞棪曰："《太平御覽》引《鬼谷子》曰：'肅慎氏獻白雉於文王，還，恐迷路，問周公。作指南車以送之。'今按全書無此文，疑是'司南'句下注文也。按此爲樂壹注文，見高承《事物紀原》九引樂壹注。"俞棪說是。

　　故同情而相親者，其俱成者也；同欲而相疏者，其偏害者也。

【陶注】同情,謂欲共謀立事,事若俱成,後必相親。若乃一成一害,後必相疏,理之常也。

【校訂】"故同情而相親者"之"而"字後,《道藏》本、乾隆本、《百子全書》本衍"俱"字。偏害,繆荃孫校改作"偏成"。俞樾曰:"'偏害'當作'偏成'。下文云:'同惡而相親者,其俱害也;同惡而相疏者,偏害者也。'彼上言'俱害',故下言'偏害',然則此上言'俱成',下宜言'偏成'矣。"

【考説】此言有共同情欲、目的之雙方若相互親近,使雙方皆能成功;有共同情欲、目的之雙方若相互疏遠,其中一方必受傷害。陶説同情爲目的相同,同欲則未解。意謂目的相同之雙方,若合作做事則謀求共贏。事若俱成,則合作必親。若在合作過程中,一方得利,另一方受害則必散。此説雙贏之理也。陶注對文意多有發明,然未必合於本意。可參。

同惡而相親者,其俱害者也;同惡而相疏者,偏害者也。

【陶注】同惡,謂同爲彼所惡。後若俱害,情必相親,若乃一全一害,後必相疏,亦理之常也。

【校訂】"偏"字前,別本有"其"字。陶注"後必相疏"之"必"字前,陳乃乾《校記》補"情"字。

【考説】言有共同憎惡的雙方若相互親近,則對雙方都有傷害;有共同憎惡的雙方若相互疏遠,則對其中的一方必有傷害。陶説"同惡",爲"同爲彼所惡",雙方皆爲所惡之人害,後必相親。若其中一方爲其所害,則必相疏。此亦理之常也。所説亦通,然亦未合於本意。可參。

故相益則親,相損則疏,其數行也,此所以察異同之分也。

【陶注】異同之分,用此而察。

【校訂】"數行"後,陳乃乾《校記》補"一"字。"分"字下,《道藏》本、乾隆本、《百子全書》本有"類一"二字,疑衍。

【考說】尹桐陽曰:"數行猶云常事。此同咨,謀也。"此言對雙方皆有好處,有雙贏結局的,則相互親近;造成相互損害,即雙輸結局的,則互相疏遠。陶說簡略,未達其旨。尹說僅釋詞義,亦未達其旨。

故牆壞於其隙,木毀於其節,斯蓋其分也。

【陶注】牆木壞毀,由於隙節,況人事之變生於異同,故曰"斯蓋其分"也。

【校訂】"牆壞於其隙"、"木毀於其節"之"其"字,《意林》引作"有"。

【考說】此言墻之壞,壞於其有隙,木之毀,毀於其節。因爲有隙或節,即分歧之處也。人與人也是如此,當雙方利益有分歧時,則事不成功。陶說意亦近是。

故變生事,事生謀,謀生計,計生議,議生說,說生進,進生退,退生制。因以制於事,故百事一道而百度一數也。

【陶注】言事有根本,各有從來,譬之卉木,因根而有枝條花葉,故因變隙,然後生於事業。事業者,必須計謀成;計謀者,必須議說;議說者,必有當否,故須進退之。既有黜陟,須別事以爲法,而百事百度,何莫由斯而至。故其道數一也。

【校訂】"變生事"之"生"字後,《道藏》本、《品彙釋評》本、嘉靖鈔本、乾隆本衍"於"字。陶注"必須計謀成",秦恩復校曰:"'成'字疑衍。""須別事以爲法"之"別"字,陳乃乾《校記》改作"制"。

【考說】蕭登福曰:"百事一道、百度一數相對成文,意謂各種事物、各種制度,其根本道理,都是相同的。"此依因果關係言,論說計謀、議說、進退之間的因果關係,由此因果關係來推本求源,事能成功。陶說意謂當從因果關係中,求解決之道。最後歸結爲制度,提出以制度約事,很有創見，合於文意。蕭説亦是。《太平御覽》引佚注曰："會同異曰儀，決是非曰説。"可參。

夫仁人輕貨，不可誘以利，可使出費；勇士輕難，不可懼以患，可使據危；智者達於數，明於理，不可欺以不誠，可示以道理，可使立功。是三才也。

【陶注】使輕貨者出費，則費可全；使輕難者據危，則危可安；使達數者立功，則功可成。總三才而用之，可以光耀千里，豈徒十二乘而已。

【校訂】"不可欺以不誠"之"不"字，《道藏》本脱。

【考説】三才，三種使用人才方法。此言用人要據其特點用其所長。仁人輕視財貨，不能以利相誘，反而可使其出財貨；勇士不怕赴死，不能以死難使其懼怕，可以使他臨危據險；智者明於道理，不可以欺詐手段應付他，可以向他示以道理，其可立功。此乃三才任用之法。陶説意亦近是。

故愚者易蔽也，不肖者易懼也，貪者易誘也，是因事而裁之。

【陶注】以此三術馭彼三短，可以立事立功也。謀者因事興慮，宜知而裁之，故曰因事裁之。

【校訂】是，陳乃乾《校記》下補"謂"字。

【考説】此言要針對對象的缺點加以利用。陶説是。

故爲強者，積於弱也；爲直者，積於曲也；有餘者，積於不足也。此其道術行也。

【陶注】柔弱勝於剛強，故積弱可以爲強大；直若曲，故積曲可以爲直；少則可以得衆，故積不足可以爲有餘，然則以弱爲強，以曲爲直，以不足爲有餘。斯道術之所行，故曰道術行也。

【校訂】"爲直者,積于曲也"一句,《道藏》本脱。陶注"少則可以得衆",陳乃乾《校記》無"可以"二字。

【考説】此言積厚之道理。強、直、有餘均由弱、曲、不足積累而成。陶説柔弱勝剛強,乃就老子之言説之,於義亦通。

故外親而内疏者,説内;内親而外疏者,説外。

【陶注】外陽相親而内實疏者,説内以除其内疏也;内實相親而外陽疏者,説外以除其外疏也。

【考説】此言游説要有針對性,或内或外,以陰補陽,或以陽克陰,均應時而變。陶説意亦及此。

故因其疑以變之,因其見以然之,因其説以要之,因其勢以成之,因其惡以權之,因其患以斥之。

【陶注】若内外無親而懷疑者,則因其疑以變化之;彼或因變而有所見,則因其所見以然之。既然見彼或有可否之説,則因其説以要結之;可否既形,便有去就之勢,則因其勢以成就之。去就既成,或有惡患,則因其惡也,爲權量之;因其患也,爲斥除之。

【考説】此言貴因之術。因者,順也。順其勢而推之,隨機應化,可得成功。陶説是。

摩而恐之,高而動之,微而證之,符而應之,擁而塞之,亂而惑之,是謂計謀。

【陶注】患惡既除,或恃勝而驕者,便切摩以恐懼之,高危以感動之。雖恐動之,尚不知變者,則微有所引,據以證之,爲設符驗以應之也。雖爲設引據符驗,尚不知變者,此則惑深不可救也,便擁而塞之,亂而惑之,因抵而得之。如此者,可以爲計謀之用也。

【校訂】證,《道藏》本、《品彙釋評》本、乾隆本、《百子全書》本訛作

"正"。"擁",秦恩復校曰疑作"壅",注同。

【考説】此言計謀之法,乃使其朝危險方向運動,而後趁其危而用之。上列各法乃並列關係。《孫子·計》篇曰:"利而誘之,亂而取之,實而備之,強而避之,怒而撓之,卑而驕之,佚而勞之,親而離之。"可證。陶注以爲所列各法非並列關係,乃一線貫串,環環相扣。亦通。蕭登福曰:"擁,假借爲壅。'擁而塞之,亂而惑之'即是《抵巇》篇'(世)不可治,則抵而得之'。趁其敗亂,加以壅塞、迷惑,進而取代之。"可參。

計謀之用,公不如私,私不如結,結而無隙者也。

【陶注】公者揚於王庭,名爲聚訟,莫執其咎,其事難成;私者不出門庭,慎密無失,其功可立。故曰"公不如私"。雖復潛謀,不如與彼要結。二人同心,物莫之間,欲求其隙,其可得乎?

【校訂】"結而無隙"之"結",原本後衍"比"字,今從《道藏》本删。

【考説】此言計謀時要隱秘,公開計謀,不如少數人私下計謀,私下計謀,不如當事雙方二人單獨計謀。陶説計謀公開則揚於王庭,私密則慎密勿失,甚是。

正不如奇,奇,流而不止者也。

【陶注】正者循理守常,難以速進;奇者反經合義,因事機發。故正不如奇,奇計一行,則流通而不知止。故曰"奇,流而不止"也。

【考説】此言謀貴在奇,奇謀往往出人意料,趁其不備而勝之。陶説亦強調奇計之用,合於文意。

故説人主者,必與之言奇;説人臣者,必與之言私。

【陶注】與人主言奇,則非常之功可立;與人臣言私,則保身之道可全。

【考説】此言獻計謀須區別對待。獻計於人主,則以奇計取勝,讓人主豁然洞開；獻計於人臣，則必給其帶來利益，方可實施。陶説以奇計説人主可立功，甚是。然謂於人臣言私爲保身之道，對象未明。若所指臣之保身則通，若指己之保身則未可也。

其身内，其言外者疏；其身外，其言深者危。

【陶注】身在内而言外泄者，必見疏也；身居外而言深切者，必見危也。

【考説】此言身處其内，而所言集於外，因失知己則疏；身處其外，而擅言其内，則身危。陶説意亦及此。俞樾曰："'其身内，其言外'，謂其身雖居密邇，而其言反涉疏遠也。下云'其身外，其言深者危'，謂其身雖在疏遠而其言反甚深切也。"俞説可參。

無以人之所不欲而強之於人，無以人之所不知而教之於人。

【陶注】謂其事雖近，彼所不欲，莫強與之，將生恨怒也；教人當以所知，今反以人所不知者教之，猶以暗除暗，豈爲益哉。

【校訂】"無以人之所不欲"句中"之"字，《道藏》本後衍"近"字。俞樾曰："'近'字衍文，蓋即'所'字之誤而衍者，兩字並從'斤'，故致誤也。注云'謂其事雖近，彼所不欲'，則其所據本已衍矣。"

【考説】此言不能以對方所不欲之事強説之，亦不能以人之所不知而強教之。對方不欲，強之生恨。對方不知，教之無益。陶説意亦近是。

人之有好也，學而順之；人之有惡也，避而諱之。故陰道而陽取之。

【陶注】學順人之所好，避諱人之所惡，但陰自爲之，非彼所逆，彼必感悦，明言以報之。故曰"陰道而陽取之"也。

【考説】此言獻計於人，當順其欲而爲之。人有好則順之，人有惡則避之,如此則事可成。陶說是。尹桐陽曰:"陰以爲非,而陽佯取之,則不至招小人之怨憾。"尹說亦是。

故去之者從之,從之者乘之。

【陶注】將欲去之,必先聽從,令極其過惡,過惡既極,便可以法乘之,故曰從之者乘之也。

【校訂】"故去之者從之"之"從",《道藏》本作"縱"。下文及注並同。

【考說】此言欲讓他人離去,乃先順從他,放縱他,待其作惡至極,乃承其弊,則能名正言順地除去他。亦承上"陰道而陽取"言。陶說是。

貌者不美又不惡,故至情託焉。

【陶注】貌者謂察人之貌,以知其情也;謂其人中和平淡,見善不美,見惡不非,如此者,可以至情託之。故曰"至情託焉"。

【考說】此言外表冷靜,無論好惡皆不見於臉上之人,可寄託實情於他。陶說亦以喜怒不形於色釋之,合於文意。尹桐陽曰:"貌而不美又不惡,故則無甚喜甚惡之事,和平中正之人也。故曰至誠之所托。"尹說未及本意。

可知者,可用也;不可知者,謀者所不用也。

【陶注】謂彼情寬,密可令知者,可爲用謀。故曰"可知者,可用也"。其人不寬,密不可令知者,謀者不爲用謀也。故曰"不可知者,謀者所不用也"。

【考說】此言選擇計謀策劃之人的原則。必須熟知此人,才可使用之。陶釋此人情寬可用,不寬不用,乃出於己意,可參。

故曰事貴制人,而不貴見制於人。制人者,握權也;見制於人者,制命也。

【陶注】制命者,言命爲人所制也。

【考説】此言游説或計謀講求掌握主動權。己方要做到制人,如果被他人所制,則命運就不能自己掌控了。陶説簡略,然意亦是。

故聖人之道陰,愚人之道陽。

【陶注】聖人之道,內陽而外陰;愚人之道,內陰而外陽。

【考説】此言聖人處理事務的關鍵是隱秘不爲外人所知,愚蠢的人則相反。陶説是。

智者事易,而不智者事難。以此觀之,亡不可以爲存,而危不可以爲安。然而無爲而貴智矣。

【陶注】智者寬恕,故易事;愚者猜忌,故難事。然而不智者,必有危亡之禍。以其難事,故賢者莫得申其計畫,則亡者遂亡,危者遂危。欲求安存,不亦難乎。今欲存其亡,安其危,則他莫能爲,惟智者可矣,故曰"無爲而貴智矣"。

【校訂】"爲存"、"爲安"之二"爲"字,一本皆作"反"。陶注"愚者",陳乃乾《校記》作"不智"。"惟智者",陳乃乾《校記》無"惟"字。

【考説】此言智者作事容易,不智者則難。由此觀之,雖然消失的東西已不能使之再存,而已有之危險也不能轉爲安全,但在此過程中,順應規律重視智慧仍十分必要。陶説智者寬恕、愚者猜忌,乃就人之性格説之。此合鬼谷學説之旨也,有補於文意。

智用於衆人之所不能知,而能用於衆人之所不能見。

【陶注】衆人所不能知,衆人所不能見,智獨能用之,所以貴於智也。

【校訂】陶注"智獨能用"之"智"字下,勞權校補"者"字。

【考説】此言智慧與能力皆用於無形,做到衆人不能知,不能見而能成功。故貴於智。陶説是。

既用，見可，否擇事而爲之，所以自爲也；見不可，擇事而爲之，所以爲人也。

【陶注】亦既用智，先己而後人。所見可，否擇事爲之，將此自爲；所見不可，擇事而爲之，將此爲人，亦猶伯樂教所親相駑駘，教所憎相千里也。

【校訂】"否"，秦恩復校曰"否"字疑衍。俞樾曰："此以'見可'、'見不可'相對爲文，不當云'見可否'也。否，衍字。""否"字，秦恩復、俞樾上讀。尹桐陽《鬼谷子新釋》"否"字下讀，今從之。下注同。陶注"千里"下，陳乃乾《校記》補"馬"字。

【考說】可與不可、智與事、自爲與爲人，皆相對而言。此言使用智謀時，儘量做到保密，能隱則隱，不使之因受到智謀指導來做事而使智謀外露，此即爲了自我保護；若不能隱，則索性公開自己的智謀，用之來作事，即向主子顯示自己這樣做，出於爲主子考慮。陶說用智先己而後人，甚是。尹桐陽曰："既，盡也。見既用者，謂見能盡見而不遺。見事可而人能爲之。否，不也。不擇事而爲之所以養己之安，故曰自爲。"又曰："謂見事不可爲。事不可爲而智者必擇事之急難而力爲之，則惠澤加於民，故曰爲人。"皆可參。

故先王之道陰。言有之曰：天地之化，在高與深；聖人之制道，在隱與匿。非獨忠信仁義也，中正而已矣。

【陶注】言先王之道貴於陰密，尋古遺言，證有此理，曰："天地之化，唯在高深；聖人之道，唯在隱匿。"所隱者，中正自然合道，非專在忠信仁義也。故曰非獨忠信仁義也。

【校訂】聖人之制道，秦恩復校曰"制"字疑衍。

【考說】此言計謀貴陰，不能以忠信、仁義的標準來衡量。陶說遷就儒家學說，以中正代忠信仁義，以中正爲合道，未得鬼谷子之深意。

道理達於此之義，則可與語。

【陶注】言謀者曉達道理，能於此義達暢，則可與語至而言極也。

【校訂】此之義，別本作"此義者"。《道藏》本作"此義之"，嘉靖鈔本作"此之義之"。

【考説】此言懂得計謀貴於隱秘道理之人，才可語於謀略之真諦。陶説以爲通於道理者可語以至言。意亦近是。尹桐陽曰："達於中正，義同議，則，法也。議以中正爲法則，可與之言是非。"尹説亦近是。

由能得此，則可以轂遠近之誘。

【陶注】轂，養也。若能得此道之義，則可居大寶之位，養遠近之人，誘於仁壽之域也。

【校訂】以，《道藏》本、乾隆本、《百子全書》本作"與"。"誘"，《道藏》本、嘉靖鈔本作"義"。陶注"仁壽"之"壽"，勞權校改作"義"。

【考説】此言能懂得這個道理的，則可駕馭來自各方面的誘惑。陶説"可居大寶之位"、"誘於仁壽之域"，出於己意而與文意未合。

決篇第十一

【題解】

本篇《太平御覽》未引,題注亦佚失,內容上有殘缺。從現存內容看,決,即決斷。俗語言"多謀善斷",對於複雜的局面,要善於做出決斷,本篇是關於決斷的專論。從現存的文字來看,論述了決斷的起因、目的、方法、前提和注意事項等方面,文字雖少,內容卻十分豐富:

先言決斷之起因、目的、原則與注意事項。"凡決物,必托於疑者",決斷之需乃因爲遇到疑難,決斷即須解決疑難問題。決斷之目的須給他人帶來利益,決斷如不能給他人帶來利益,人們則不會接受。善於決斷,則能給己造福,不善於決斷,則會招來禍患。正因爲如此,決斷之目的即爲了達到"趨利"與"避害"。"趨利避害"成爲決斷之首要原則。而做到"趨利避害",須使作出之決斷常變幻莫測,出人意外。"奇"爲決斷之另一原則。決斷過程,須注意"善於誘",誘得對方實情之後,再作決斷。

次言如何做到善於決斷。包括五種對待手段、四種具體方式、五種可立即決斷的情況。五種手段,或可用光明正大的方式去解決,此即"陽德"方式。或不便於采用公開的方式,只能運用某些權術暗中加以解決,此即"陰德"方式。或須用誠信去打動對方,此即"信誠"方式。或不能將真相完全示於對方,爲安全不能以誠信對待對方,此即"蔽匿"方式。大量的問題,則以平常的一般化手段去決斷,此即"平素"方式。五種方式,互相補充利用,共同解決問題。實施決斷之前提條件,即務必先揣知過去、現在、將來等各方面情形,才能"斷其可否"。由於策士輔助決斷之對象往往皆爲君主或實際掌權者(篇中稱爲王公大人),故而,本篇專門論述了可爲王公大人作決策的幾種情況。其一,當王公大人處於危險之中,且事情成功之後能够獲得好的名聲,可爲其作出決斷;其二,有些事不用費多少力,就能辦成功的,可爲其作決斷;其三,雖然有些事做起來需付出艱苦努力,但迫不得已而不得不做的,也可爲其作決斷;其四,能够爲對方去除禍患,可爲其作出決斷;其五,能够替對方招來福祉,可爲其作決斷。

最後強調決斷的重要性。善於決斷乃處理萬事之基礎。因爲作出決斷如此重要,故而古人重視利用蓍草、龜甲進行占卜。

凡決物,必託於疑者,善其用福,惡其有患。

【陶注】有疑然後決,故曰必托於疑者。凡人之情,用福則善,有患則惡。福患之理未明,疑之所由生。故曰"善其用福,惡其有患"。

【校訂】"凡決物"前,《道藏》本、嘉靖鈔本、乾隆本、《百子全書》本衍"爲人"二字。

【考説】尹桐陽曰:"物,事也。托,度也。"此言有疑托於決,善用決斷則得福,不善用決斷則招禍患。陶説"用福則善,有患則惡"爲"疑之所生"之原因,恐非是。

善至於誘也,終無惑偏。

【陶注】然善於決疑者,必誘得其情,乃能斷其可否也。懷疑曰惑,不正曰偏,決者能無惑偏,行者乃有通濟,然後福利生焉。

【校訂】善,《道藏》本、嘉靖鈔本、乾隆本、《百子全書》本訛作"害"。俞樾曰:"陶注斷'終無惑'三字屬下節,則'害至於誘也'句,文意未足,雖曲爲之説而不可通。"俞樾説是。

【考説】此言善於決斷,必誘得實情,決斷方才無誤。《鬼谷子》特別強調得情,決斷亦如此。陶説是。俞樾曰:"此言天下禍福之來,皆先有以誘之,能終不爲其惑,乃可以言決矣。"俞説可參。

有利焉，去其利則不受也，奇之所託。

【陶注】若乃去其福利，則疑者不更其決，更使託意於奇也。趨異變常曰奇。

【校訂】陶注"不更其決"之"更"，《道藏》本、乾隆本作"受"。勞權校亦作"受"。"更使"二字下，《道藏》本、乾隆本脱十三字。

【考説】奇，與"正"相對，意謂出人意外，變幻莫測。此言決斷之原則必須給己方或對方帶來利益，決斷不能帶來利益，對方就不能接受它。而每次決斷都要帶來利益，就必須寄託於決斷上的變幻莫測，做到出人意外。陶説是。

若有利於善者，隱託於惡，則不受矣，致疎遠。

【陶注】謂疑者本其利，善而決者隱其利；善之情反託之於惡，則不受其決，更致疎遠矣。

【考説】此言決斷要完滿，不能留有漏洞。若所作決斷，從總的方面來看有利於對方，但其中亦藴藏著不利一面，則此決斷就不會被人所接受，反而導致關係疎遠。陶説善決者當顯其利於對方，若隱其利，則對方不受其決也。此亦合乎文意，可參。

故其有使失利者，有使離害者，此事之失。

【陶注】言上之二者，或去利托於惡，疑者既不更其決，則所行罔能通濟，故有失利罹害之敗焉。凡此，皆決事之失也。

【考説】此言決事之失兩種情況：或失利，或罹害。決斷的原則即趨利避害，若不能得利，或因決斷而帶來損害，則決斷即爲失敗。陶説首決不利若不更其決，則必將罹害。可參。

聖人所以能成其事者，有五：有以陽德之者，有以陰賊之者，有以信誠之者，有以蔽匿之者，有以平素之者。

【陶注】聖人善變通，窮物理，凡所決事，期於必成。事成理著者，以陽德決之；情隱言僞者，以陰賊決之；道誠志直者，以信誠決之；奸小禍微者，以蔽匿決之；循常守故者，以平素決之。

【考説】此言討論決策之五種方式。決策要依據對象的具體情況，運用不同的形式。陶説若所決之對象，事能成而理顯可公開告之於人，則用陽德方式。若對方內情隱而不願外露者，即以陰賊方式。對方求道真誠，追求志向正道直行，則以誠信方式。若所作之決策禍害微小的，以蔽匿方式。若所決爲平常之事，則用平常的方式。陶説有補於文意。尹桐陽曰："平素，偏索也。"俞棪曰："《淮南子·詮言訓》曰：'平者，道之素也；虛者，道之舍也。'"蕭登福曰："陽德，謂明施恩德，使之感激；陰賊，謂陰加賊害，以抑其長；信誠，謂待之以誠信，使其不疑；蔽匿，謂隱蔽實情，不使之知；平素，謂待之以常道，使其嫻習。"蕭説通，尹、俞説可參。

陽勵於一言，陰勵於二言，平素、樞機以用。四者，微而施之。

【陶注】勵，勉也。陽爲君道，故所言必勵於一。一，無爲也。陰爲臣道，故所言必勵於二。二，有爲也。君道無爲，故以平素爲主；臣道有爲，故以樞機爲用。言一也，二也，平素也，樞機也，四者其所施爲，必精微而契妙，然後事行而理不壅矣。

【校訂】陶注"事行而理不壅"之"壅"，《道藏》本、乾隆本作"難"。

【考説】此緊接上文提出的解決問題的五種方式來討論它們的特徵及相應的用法。陽德，即公開處理問題，故其表裏如一，言行一致，不須使用陰謀權術，故曰"勵於一言"；陰賊，則須施展陰謀權術，表裏不同，故曰"勵於二言"。如能把平常使用的決策手段，與特殊情況下使用的陽德、陰賊、信誠、蔽匿四種手段，交替使用，並注意其隱蔽性，辦事則易取得成功。陶説一爲君道，二爲臣道。君道無爲，臣道有爲，乃就君臣關係而言，非是。尹桐陽曰："天一地二，言道也。一言謂天道，二言謂地道。四者，謂陽德、陰賊、信誠、蔽匿也。"尹亦以一二爲天道地道，非其意也。

於是度之往事，驗之來事，參之平素，可則決之；

【陶注】君臣既有定分，然後度往驗來，參以平素，計其是非，於理既可，則爲決之。

【考説】即決策前，需將決策對象放到歷史背景中，從過去、現在、未來的趨勢中加以考察，判斷出其有成功的把握，即可作出決斷。陶説以君臣立論，非是。

王公大人之事也，危而美名者，可則決之；

【陶注】危，由高也。事高而名美者，則爲決之。

【校訂】"王公"二字，《道藏》本、乾隆本、《百子全書》本乙倒作"公王"，誤。"王公大人之事也"，俞樾曰："此七字衍文，陶注亦不及，是其本無此七字。"美，一本訛作"變"。

【考説】此下言給王公大人做事，有以下五種情況可以幫其作決斷。第一種情況是，雖有潛在危險，但事情做成之後能够獲得好名聲的，即可爲其作決斷。陶説"事高而名美"，是。

不用費力而易成者，可則決之；

【陶注】所謂惠而不費，故爲決之。

【考説】此言不用費力，事即能取得成功，可以爲他作出決斷。陶説是。

用力犯勤苦，然不得已而爲之者，可則決之；

【陶注】所謂"知之無可奈何，安之若命"，故爲決之。

【考説】此言雖然此事做起來費力需要作出艱苦努力，但迫不得已而不得不做的，也可以給他作決斷。陶説既知用苦心，而又無可奈何，只有安之若命，而爲之決。意亦近是。

去患者，可則決之；從福者，可則決之。

【陶注】去患、從福之人，理之大順，故爲決之。

【考説】此言能够爲對方去除禍患的，可以給他作出決斷。能够替對方招來福祉的，可以給他作決斷。陶説是。

故夫決情定疑，萬事之基，以正治亂，決成敗，難爲者。

【陶注】治亂以之正，成敗以之決。失之毫釐，差之千里，樞機之發，榮辱之主，故曰"難爲"。

【校訂】基，《道藏》本、乾隆本、《百子全書》本作"機"。治亂，《道藏》本、乾隆本、《百子全書》本乙倒作"亂治"。

【考説】此言決斷之重要。決斷乃一切問題解決之基礎，爲解決一切問題的開端。決策正確與否，乃問題處理成敗之關鍵。陶説決斷當慎，失之毫釐，差之千里，故決斷之事，實是難爲也。意亦近是。俞樾曰："《解蔽》篇曰：'凡觀物有疑，中心不定則外物不清，吾慮不清，則未可定然否也……以疑決疑，決必不當。'此言決之要也。"可參。

故先王乃用蓍龜者，以自決也。

【陶注】夫以先王之聖智，無所不通，猶用蓍龜以自決，況自斯以下而可以專己自信，不博謀於通識者哉。

【校訂】此句《太平御覽》卷七百二十八作"夫決情定疑，萬事之基。以正亂治天決，誠爲難者也。先生乃用蓍龜以助自決也。"

【考説】此言決斷借助於蓍草與龜甲。因決策之極端重要，故須借神秘力量來輔助完成之。陶説即使古聖先王聰明睿智，無所不通，亦須藉助於蓍龜，況常人乎？於義有補。俞樾曰："王充《論衡》引孔子曰：'蓍者，耆也；龜者，舊也。狐疑之事，當問耆舊，蓍龜未可取神也，取其名耳。'"可參。

符言第十二

【題解】

符，即内符。情在於内，外摩之，則彼情如符信然，故云内符。陶弘景注曰："發言必驗，有若符契，故曰符言。"關於本篇與其他各篇之間的關係，楊慎認爲："符言者，揣摩之所歸也，捭闔之所守也，千聖之所宗也，如符然，故言曰符言。"《符言》是《捭闔》、《揣》、《摩》諸篇所應達到的目的。本篇主旨，傳統的説法均爲人主所當執守於内者，如此，則可防被摩而情出外也。尹桐陽曰："符言，猶《管子》所謂内言人主所當執守者，其文與《管子·九守篇》略同。"本篇在先秦時期被廣泛引用，内容與《管子·九守》篇各章大致相同。部分篇章也見於《鄧析子》、《六韜》。俞棪曰："《管子·九守》篇内主位、主明、主聽、主賞、主問、主因、主周、主參、督名各章，均此篇各章，大致從同。余疑此文故係齊史記所載太公兵權謀之遺説，而爲齊學者如蘇子及管子均掇載之也。"

本篇結構上由九個部分所組成：分別爲：主位、主明、主德、主賞、主問、主因、主周、主恭、主名。主位，要求國君安於君位，以静制動；主明，要求國君遍視，廣聞，全慮，做一個明君；主德，要求國君虛懷若谷，廣納賢士，少樹敵人；主賞，要求國君慎用賞罰，做到公正；主問，要求國君不恥下問，博學多聞；主因，要求國君順應自然來管理天下；主周，要求國君行事周密，防止臣下生亂；主恭，要求國君有高度的政治洞察力；主名，要求國君循名責實，做到名實相副。此九者皆作爲國君人主之要求。

《反應》篇曰："己不先定，牧人不正。"《鬼谷子》向來强調欲駕馭他人，必先從自身做起。作爲人主，只有自身做好角色定位，按照國君職位所要求的去做，才能勝任。本篇提出的九種要求，即爲對人君勝任職位的要求。如能做到"已審先定"，那麼，必能達到"策而無形容，莫見其門，是謂天神"之境界。

安徐正静，其被節無不肉。

【陶注】被，及也；肉，肥也，謂饒裕也。言人若居位能安徐正静，則所及之節度無不饒裕也。

【校訂】無不肉，原作"先肉"，據《道藏》本、乾隆本、《百子全書》本改。李學勤曰："'先肉'應作'先定'。"（説見《古文獻叢論》）

【考説】被，施及，加於……之上。被節無不肉，意謂骨節之上無不有肉加於其上。此言居位者須安徐正静，就像骨節必須有肉加於其上一樣，才能活動，發揮作用。高金體曰："節難割也，肉易裁也。被節無不肉，難割者皆易裁也。"高説雖就肉與骨節關係立論，然未達旨意。陶注言人君若能安徐正静，則臨朝行事禮節氣度無不從容，合乎文意。俞棪曰："《管子·九守》篇亦作'柔節先定'。'其被節無不肉'，義極晦，疑有訛誤。"俞未解其旨。

善與而不静，虚心平意以待傾損。

【陶注】言人君善與事接而不安静者，但虚心平意以待之，傾損之期必至矣。

【校訂】静，《六韜·大禮》篇作"争"。

【考説】言在位者，要善於給予或放縱對方，使之不能安静；自己則坐觀其變，以待其傾損。陶説人君接事而不平静，則傾損之期必至。

右主位。

【陶注】主於位者，安徐正静而已。

【校訂】右，《道藏》本、乾隆本、《百子全書》本作"有"。下同。

【考説】尹桐陽曰："有,右也。言右所記者,爲人主居位元之法。"古書自右向左讀,右,即上文之意。《道藏》本作"有",誤。陶説是。

目貴明,耳貴聰,心貴智。

【陶注】目明則視無不見,耳聰則聽無不聞,心智則思無不通。此三者無壅,則何措而非當也。

【校訂】智,《鄧析子·轉辭》作"公"。

【考説】此言目、耳、心之所貴。陶説有補文意,甚是。

以天下之目視者,則無不見;以天下之耳聽者,則無不聞;以天下之心思慮者,則無不知。

【陶注】昔在帝堯,聰明文思,光宅天下蓋用此道也。

【校訂】心,《鄧析子·轉辭》作"智"。思,《道藏》本、乾隆本、《百子全書》本無。

【考説】此言君主當集衆人之耳目、心智,然後定治國之策。陶説以堯爲例,意亦近是。

輻輳並進,則明不可塞。

【陶注】夫聖人不自用其聰明思慮而任之天下,故明者爲之視,聰者爲之聽,智者爲之謀。若雲從龍,風從虎,沛然而莫之禦。輻輳並進,則亦宜乎?若日月之照臨,其可塞哉?故曰"明不可塞"也。

【校訂】陶注"則亦宜乎"之"則",《道藏》本、乾隆本作"不"。

【考説】此言目、耳、心同時並用,遍視,廣聞,全慮,則君必英明。陶説明、聰、智三者輻輳並進,則明不可塞。於意甚合。

右主明。

【陶注】主於明者以天下之目視也。

【考說】此明乃睿哲聖明之意,非目好爲明之意。陶說與上文心耳目三者并用不一律,此處僅就目而言明,於義未合,當三者皆言方是。俞棪曰:"箕子《洪範》曰:'貌曰恭,言曰從,視曰明,聽曰聰,思曰睿。恭作肅,從作乂,明作哲,聰作謀,睿作聖。'此主明之說所由本也。"可參。

德之術曰:勿堅而拒之。

【陶注】崇德之術,在於恢宏博納,山不讓塵,故能成其高;海不辭流,故能成其深;聖人不拒衆,故能成其大,故曰"勿堅而拒之"也。

【校訂】德,《管子·九守》作"聽"。下"右主德"之"德"同。

【考說】此言成德之術,當須海納百川。陶注崇德之術在於博納,聖人不拒衆,甚得文意。

許之則防守,拒之則閉塞。

【陶注】言許而容之,衆必歸而防守;拒而逆之,衆必違而閉塞。歸而防守,則危可安,違而閉塞,則通更壅。夫崇德者,安可以不宏納哉!

【考說】此言崇德之術即須有寬廣之胸懷。陶說有補於文意。

高山仰之可極,深淵度之可測,神明之德術正靜,其莫之極。

【陶注】高莫過山,猶可極;深莫過淵,猶可測。若乃神明之德術正靜,迎之不見其前,隨之不見其後,其可測量哉。

【校訂】德,《道藏》本、乾隆本、《百子全書》本作"位"。

【考說】神明,謂無所不知。此言主位者,德正而靜,則無所不能。陶說是。

右主德。

【陶注】主於德者,在於含宏而勿距也。

【考説】此言涵養德性,在於包容。陶説是。

用賞貴信,用刑貴正。

【陶注】賞信,則立功之士致命捐生;刑正,則受戮之人没齒無怨。

【校訂】陶注"受戮之人"之"受",原作"更",今據《道藏》本、乾隆本改。

【考説】此言使用賞賜貴守信諾,使用刑罰貴能公正。陶説從賞罰效果言,亦通。

賞賜貴信,必驗耳目之所聞見,其所不聞見者,莫不闇化矣。

【陶注】言施恩行賞,耳目所聞見,則能驗察不謬,動必當功,如此,則信在言前,雖不聞見者,莫不闇化也。

【考説】此言賞賜貴守信,必以自己親眼所見親耳所聞爲依據。能如此,則那些自己没有親見親聞之事,也因欲取信於你而暗自轉化。陶説意亦近是。

誠暢於天下神明,而況奸者干君。

【陶注】言每賞必信,則至誠暢於天下,神明保之如赤子,天禄不傾如泰山,又況不逞之徒,而欲奮其奸謀,干於君位者哉?此猶腐肉之齒,利劍鋒接,必無事矣。

【考説】此言每賞必信,則誠信暢行於天下,達到神明境地,那些想以奸邪的手段求得獎賞之人,幾無藏身之地。陶説賞信則宣誠於天下,奸人之徒則無法干君位,於意合。

右主賞。

【陶注】主於賞者，貴於信也。

【考説】此言賞貴信。陶説是。

一曰天之，二曰地之，三曰人之。

【陶注】天有逆順之紀，地有孤虛之位，人有通塞之分。有天下者，宜皆知之。

【考説】此言善問。君主處事，對天時、地利、人和，皆應有所瞭解。《孟子·公孫丑下》曰：" 天時不如地利，地利不如人和。"《孫臏兵法·月戰》："天時、地利、人和，三者不得，雖勝有殃。"陶説雖未及天時、地利、人和，然意亦近是。

四方上下，左右前後，熒惑之處安在？

【陶注】夫四方上下，左右前後，皆有陰陽向背之宜。有國從事者，不可不知。又熒惑，天之法星，所居災眚吉凶尤著。故曰雖有明天子，必察熒惑之所在，故亦須知之。

【校訂】惑，《道藏》本、嘉靖鈔本、乾隆本作"燃"。

【考説】熒惑，迷惑。俞樾曰："戴望《管子校正》：'熒惑，猶眩惑也。'"俞樾説是。此言若能廣泛徵求各方意見，則不會被迷惑。陶注以熒惑爲天之法星，告以災異，有觀天象測人事之意，恐非是。俞樾曰："此以人事言，非言天象也。注云'熒惑，天之法星，所居災眚吉凶尤著'，失其旨矣。"俞樾説是。尹桐陽曰："此凡皆有逆順之宜，故須問之。"蕭登福曰："熒惑，或作'熒燃'；火星之異名。《史記·天官書》：'（熒惑）出則有兵，入則兵散。以其捨命國熒惑。熒惑爲勃亂、殘賊、疾喪、饑兵。'張守節《正義》云：'天官占云：熒惑爲執法之星，其行無常，以其捨命國，爲殘賊、爲疾、爲喪、爲饑、爲兵。'熒惑所在有災，故有國者須察之。"蕭説以星占爲據，恐非。

右主問。

【陶注】主於問者，須辨三才之道。

【考説】此言問之道。陶説是。

心爲九竅之治，君爲五官之長。

【陶注】九竅運，爲心之所使；五官動作，君之所命。

【考説】九竅，耳、目、鼻孔各二，口一，下兩排泄孔，共九數。五官，此指五種官職。相傳殷制以司徒、司馬、司空、司士、司寇典司五衆爲五官。説見《禮·曲禮下》。周代以冢宰、司徒、宗伯、司馬、司寇、司空爲六官，去冢宰爲五官。見《周禮·春官·小宗伯》。此處當指五種官職而言，泛指百官。此句言君主類似於心，五官類似於九竅。以心主九竅喻君主主宰百官。陶説是。

爲善者，君與之賞；爲非者，君與之罰。

【陶注】賞善罰非，爲政之大經也。

【考説】此言君主當賞善罰惡，此爲國執政之根本。陶説是。

君因其所以求，因與之則不勞。

【陶注】與者，應彼所求；求者，得應而悦。應求則取施不妄，得應則行之無怠，循性而動，何勞之有。

【校訂】"所以"前，《道藏》本、乾隆本、《百子全書》本衍"政之"二字。求，《管子》、《鄧析子》作"來"。陶注"得應而悦"四字，《道藏》本、乾隆本作"應而無得"。

【考説】此言君主順臣下欲望施行賞罰，則無需勞苦，天下得治。陶説君應臣之欲而施，則所行不妄。意亦近是。蕭登福曰："謂國君如能依據臣下所行而施以賞罰，則賞罰完全由對方之行爲而決定，自己無須費神，因此便不會過分勞苦了。"蕭説亦是。

聖人用之，故能賞之，因之循理，固能久長。

【陶注】因求而與，悅莫大焉。雖無玉帛，勸同賞矣，然因逆理，禍莫速焉。因之循理，故能長久。

【校訂】賞，《管子》作"掌"。固，嘉靖鈔本作"故"。《鄧析子》亦作"故"。故、固，古字通。久長，《管子》、《鄧析子》作"長久"。陶注"因求而與"之"與"，勞權校改作"應"。陶注"故能長久"之"故"字，《道藏》本、乾隆本作"固"。

【考說】因之循理，意謂根據賞罰的原則駕馭群臣，則君臣關係穩固而長久。陶說有賞則悅，無賞則禍。只有遵循賞罰之理，君臣關係才能長久。此從正反雙方而論，合於文意。

右主因。

【陶注】主於因者，貴於循理。

【考說】此言君主應善於順應人性之理。尹桐陽曰："《論語》曰：'因民之所利而利之。'《太史公自序》：'因者，君之綱也。'皆此所謂主因者。"陶、尹說是。

人主不可不周。人主不周，則群臣生亂。

【陶注】周謂遍知物理，於理不周，故羣臣亂也。

【考說】此言君主對待群臣，貴於周到，善於平衡各方利益。陶說遍知物理，乃就君臣之間關係而言，於意亦合。尹桐陽曰："周，遍也。"尹說是。

家於其無常也，內外不通，安知所開？

【陶注】家猶業也。羣臣既亂，故所業者無常，而內外閉塞，觸途多礙，何如知所開乎？

【校訂】家於其無常也，《管子》作"寂乎其無端也"。

【考説】俞棪曰："常,常理也。"其,指代群臣。家,落户安居,此處指使群臣安分。此言管理群臣之無常,使之安分。群臣關係如處理不好,則朝廷內外不通,國家怎知如何治理。陶説群臣既亂,所業無常,則内外閉塞,不知所開,於義亦合。

開閉不善,不見原也。
【陶注】開閉即捭闔也,既不用捭闔之理,故不見爲善之源也。
【校訂】開,陳乃乾校云:"開,當作'關'。善上脱'開'字。"
【考説】此言君主與群臣之間的互動不好,君主尚不知問題的源頭在何處。陶説"開閉"即捭闔,意亦近是。

右主周。
【陶注】主於周者,在於遍知物理。
【考説】此言君主處理群臣關係要周密,注意搞好平衡。

一曰長目,二曰飛耳,三曰樹明。
【陶注】用天下之目視,故曰長目;用天下之耳聽,故曰飛耳。用天下之心慮,故曰樹明。
【考説】此言司法。君主欲使天下肅静,必須以天下人爲立足點,依據天下人民獲得訊息。陶説君主當以天下人之目視,以天下人之耳聽,以天下人之心慮,正合本意。

明知千里之外,隱微之中,是謂洞天下奸,莫不闇變更。
【陶注】言用天下之心慮,則無不知。故千里之外,隱微之中,莫不玄覽。既察隱微,故爲奸之徒,絶邪於心胸,故曰莫不闇變更改也。
【校訂】明知,《道藏》本、乾隆本、《百子全書》本脱。更,原脱,據《道藏》本、乾隆本、《百子全書》本補。

【考説】此言依據天下人民,則奸邪無處藏身。陶説以天下之心慮則無不知,奸邪亦無處藏身矣,甚合文意。

右主恭。

【陶注】主於恭者,在於聰明文思。

【校訂】恭,《管子》作"參"。

【考説】恭,恭敬,此指司法整肅。陶説"聰明文思",誤。

循名而爲,實安而完。

【陶注】實既副名,所以安全。

【考説】此言"循名"之重要。尹桐陽曰:"循名則實不誤,故安而完。"正合題旨。陶説意亦及此。

名實相生,反相爲情。

【陶注】循名而爲實,因實而生名。名實不虧則情在其中矣。

【考説】此言名實互生,互爲本性。名實問題乃戰國時代課題,各家皆有所説,而以名家爲甚。陶説名實相生,亦得其意。

故曰:名當則生於實,實生於理。

【陶注】名當自生於實,實立自生於理。

【考説】此言名當乃由實而立,實立乃因其合於理。陶説是。

理生於名實之德。

【陶注】無理不當,則名實之德自生也。

【考説】此言名實相符,關鍵在於其合於理。不合於理,名與實則不相符合。陶説是。

德生於和，和生於當。

【陶注】有德必和，能和自當。

【考說】德、和、當，均指名與實相副的程度。陶說德、和、當之間存在因果關係，亦通。尹桐陽曰："德，得也。"可參。

右主名。

【陶注】主於名者，在於稱實。

【校訂】主，《管子》作"督"。

【考說】此言名實相符問題。陶說是。

轉丸第十三　胠亂第十四

二篇皆亡

　　或有取莊周《胠篋》而充次第者，按鬼谷之書，崇尚計謀，祖述聖智，而莊周《胠篋》乃以聖人爲大盜之資，聖法爲桀、跖之失。亂天下者，聖人之由也。蓋欲縱聖棄智，驅一代於混茫之中，殊非此書之意，蓋無取焉。或曰《轉丸》、《胠篋》者，《本經》、《中經》是也。

　　案唐趙蕤《長短經·反經》篇引《鬼谷子》曰："將爲胠篋、探囊、發匱之盜，爲之守備，則必攝緘縢，固扃鐍，此代俗之所謂智也。然而巨盜至，則負匱、揭篋、擔囊而趨，唯恐緘縢、扃鐍之不固也。然則向之所謂智者，有不爲盜積者乎？其所謂聖者，有不爲大盜守者乎？何以知其然耶？昔者齊國鄰邑相望，雞狗之音相聞，罔罟之所布，耒耨之所刺，方二千餘里，闔四境之内，所以立宗廟、社稷，治邑屋、州閭、鄉里者，曷常不法聖人哉？然而田成子一朝殺齊君而盜其國，所盜者豈獨其國耶？並與聖智之法而盜之。故田成子有乎盜賊之名，而身處堯舜之安，小國不敢非，大國不敢誅，十二代而有齊國。則是不乃竊齊國並與其聖智之法，以守其盜賊之身乎？跖之徒問於跖曰：'盜亦有道乎？'跖曰：'何適而無有道耶？夫妄意室中之藏，聖也；入先，勇也；出後，義也；知可否，智也；分均，仁也。五者不備而能成大盜者，天下未之有也。'由是觀之，善人不得聖人之道不立，盜跖不得聖人之道不行。天下之善人少，而不善人多。則聖人之利天下也少，而害天下也多矣。"其文與《莊子》小異，即注所云，或有取莊周《胠篋》而充次第者也。竊疑《鬼谷》篇目既經陶弘景刪定，不應唐世尚有此篇。趙蕤生於開元，與尹知章同時，可爲是尹非陶之證。録之以俟博考。

【校訂】秦恩復校云："'亂'當作'篋'。一本作：《轉丸》第十三、《胠篋》第十四。""或有取莊周《胠篋》而充次第者"前，嘉靖鈔本、横秋閣本、高氏本、《四庫全書》本有"陶弘景曰"四字。"乃以聖人爲大盜之資"之"乃"，勞權校作"方"。"或曰《轉丸》、《胠篋》"下，勞權校補"二章"二字。

【考説】秦恩復嘉慶十年刊本以錢曾述古堂舊鈔本爲底本，錢本又源於宋本。故其上"陶弘景曰"亦當源於宋本，原不當懷疑。然劉勰《文心雕龍》曰："戰國爭雄，辯士雲涌，從横參謀，長短角勢，《轉丸》騁其巧辭，《飛鉗》伏其精術。"則《轉丸》在梁時，猶未亡矣。陶弘景與劉勰同時，則陶弘景時《轉丸》尚未亡也。故此注當非陶注，故秦恩復不取也。此注或爲佚注，或即與《太平御覽》所引佚注同類。"案"以下文字爲秦恩復語，可參。

本經陰符七術

【題解】

《陰符》，古書，相傳爲太公兵法，然本篇當與此無關。本篇爲鬼谷子論縱橫學者爲人如何修煉內在精神，主張修煉內在精神爲本，故曰"本經"。以內在精神的修煉來支配外在的肢體行爲，故曰"陰符"。對標題的解釋，陶弘景注曰："陰符者，私志於內，物應於外，若合符契，故曰陰符。由本以經末，故曰本經。"意即由內心修煉以達到控制外在行爲。尹桐陽認爲："本書有《中經》，此故云《本經》耳。"《本經》乃相對於《中經》而言。而"《秦策》'得《太公陰符》之謀，伏而讀之'。《史記·蘇秦傳》索隱云：'《陰符》是太公兵法，謂陰謀之在其列。'"因其中有陰謀，故謂《本經陰符》。《中經》篇云："《本經》紀事者紀道數，其變要在《持樞》、《中經》。"陶弘景注云："此總言《本經》、《持樞》、《中經》之義。言《本經》紀事，但紀道數而已。至於權變之要乃在《持樞》、《中經》也。"可見，《持樞》與《本經陰符七術》、《中經》在內容上相互關聯。

全篇結構上由七個部分所組成：盛神法五龍、養志法靈龜、實意法螣蛇、分威法伏熊、散勢法鷙鳥、轉圓法猛獸、損兌法靈蓍。

盛神即養神。本篇實爲論如何養神之專篇。"道"爲神之源，"一"爲其開端。故養神務必"得一"。而只有"心"才能"得一"，故盛神務在於養心。人之九竅十二舍，通於心，而以氣爲門户。故養心即通氣。養心有"術"，其術即使五氣得和。而達於其術并使氣通者，人須靜。人靜而使五氣得通者，謂之真人。此描述了後世道教徒修養之路徑。

養志即節欲。心與九竅之間氣不通達，原因在於人有欲望。欲望雜多,人之思慮則散而不專,散而不專則心不平靜。不靜,則氣不和。故須靜,靜則節欲。節欲則思慮單一,氣和而心安。故"養志之始,務在安己",安己則節欲,節欲則靜,而神得養也。

實意即心靜。此強調心靜之重要。心靜,對人之內而言,如上所云能養神,即所謂"神自得也",此呼應"盛神"。所謂本經,即由內以經外,《鬼谷子》所論歸根結底指向外用。故心靜外用則對計謀之成起決定性作用。文中云"心欲安靜,慮欲深遠",心靜則人之思慮能深遠。思慮深遠,"則計謀成"。縱橫家以游說與計謀馳騁天下,此論計謀之成的主觀條件,在《鬼谷子》中有重要地位。

分威言神之伏以分他人之威。《盛神》篇言須盛神,然盛神之後,有何效果,卻未及言。本篇為續論,專論盛神之後果。因為神盛,則威盛。威盛則莫能當。己方威盛,則能分他人之威勢,達到以實取虛以有取無神存兵亡之效果。此篇亦呼應《盛神》之篇也。

散勢即神之使而對方之勢應聲而散。文中曰"勢者,利害之決",敵我雙方之勢如何,乃雙方成敗之關鍵,利害之所在。盛神之後果,一旦內在之神外出散發,對方必"心虛志溢",對方心虛,則"精神不專",其言必失。散勢,必循間而動,無間則不散勢也。此篇亦呼應《盛神》之篇也。

轉圓即得無窮之計之法。此篇呼應《實意》之篇也。實意為計謀,盛神外用之最終指向即為計謀。計謀若像圓形器物不停轉動一樣源源不斷產生出來,必須要有聖人一樣的心胸,然後才能推原不測之智,通於心術。而轉圓并不總是帶來利益,使用不當亦可能給自己帶來災禍。故聖人先知存亡之所在,用轉圓之術總能趨長避短,及時從轉圓術中解脫,而立於不敗之地。此乃運用轉圓須注意之事項。

損兌即少言。損,減少。兌,言說。俗語云"言多必失",言多則泄己方之密多。己方之密泄即間,即巇,即給對方可乘之機。如此,可被他人利用。故少言則辭減,辭減則語不泄。損兌則心靜,心靜既養神,亦生謀,故本篇亦為呼應《實意》之篇也。縱橫家主張游說,游說則須多言。此處倡少言慎言,乃從計謀出發,與游說并無矛盾。

上述七篇,中心在於兩個方面:一曰盛神,二曰計謀。七篇皆以《盛神》篇爲核心，由此引發，内容緊密聯繫，體現出《鬼谷子》的理論深度。

盛神法五龍。

【陶注】五龍，五行之龍也，龍則變化無窮，神則陰陽不測，故盛神之道法五龍也。

【校訂】"盛神"下，陳乃乾《校記》補"者"字。

【考說】盛神即養神。養神即調動體内五行之氣，使神充足旺盛。法，效法。五龍，陶注曰"五行之龍"，尹桐陽說同此。《文選》郭景純《游仙詩》："奇齡邁五龍，千歲方嬰孩。"注引《遯甲開山圖》榮氏解，謂五龍爲木、火、金、水、土之仙。五行之變化莫測如龍，故曰五行之龍。陶、尹說則重在強調五行變化莫測，恐於義較遠。此五龍當爲喻，意即五氣在體内之行如龍，盛神者須養五氣也。下文"盛神中有五氣"，即如此也。

盛神中有五氣，神爲之長，心爲之舍，德爲之大，養神之所歸諸道。

【陶注】五氣，五藏之氣也。謂精、神、魂、魄、志也。神居四者之中，故爲之長。心能含容，故爲之舍。德能制御，故爲之大。然則養神之所宜，歸之於道也。

【校訂】大，《道藏》本、乾隆本、《百子全書》本訛作"人"。陶注"精、神、魂、魄、志"，《道藏》本、乾隆本作"神、魂、魄、精、志"。"德能制御"之"御"，《道藏》本、乾隆本作"邪"。

【考說】五氣，指心、肝、脾、肺、腎等五臟之氣。其中神氣由心產生，是調節其他四氣乃至人體的原動力。神受德控制，德爲道之施於萬物者，故養神最根本的途徑是歸之於道。陶說五臟之氣，乃精、神、魂、魄、志，非是。尹桐陽曰："氣一、神二、心三、德四、道五也。"亦非是。

道者，天地之始，一其紀也。物之所造，天之所生，包宏

無形。化氣，先天地而成，莫見其形，莫知其名，謂之神靈。

【陶注】無名，天地之始，故曰"道者，天地之始"也。道始所生者一，故曰"一其紀也"。言天道混成，陰陽陶鑄，萬物以之造化，天地以之生成，包容弘厚，莫見其形。至於化育之氣，乃先天地而成，不可以狀貌詰，不可以名字尋，妙萬物而爲言，是以謂之神靈也。

【校訂】"謂之神靈"之"靈"，俞棪校作"明"。

【考説】尹桐陽曰："紀，基也。"基，開始。一其紀，謂一是它的開始。此言道生萬物，一爲開始。道生一，一生氣，氣生天地萬物。陶説亦從宇宙生成而論，合於文意。

故道者，神明之源。一其化端，是以德養五氣，心能得一，乃有其術。

【陶注】神明稟道而生，故曰"道者，神明之源"也。化端不一，則有時不化，故曰"一其化端"也。循理有成，謂之德五氣，各能循理，則成功可致，故曰"德養五氣"也。一者，無爲而自然者也。心能無爲，其術自生，故曰"心能得一，乃有其術"也。

【考説】俞棪曰："德、得，古通用。德養五氣即得養五氣也。"此言道乃神之源，故養神歸諸道。陶釋"一其化端"爲"化端不一，則有時不化"，非是。此言宇宙生成，一乃陰陽二氣未分之狀態。又釋"心能得一"之"一"乃無爲，近是。

術者，心氣之道所由舍者，神乃爲之使。

【陶注】心氣合自然之道，乃能生術。術者，道之由舍，則神乃爲之使。

【校訂】"神乃爲之使"之"神"字，一本無。

【考説】此言心氣合於自然大道，盛神之術乃生。高金體曰："道者，天地萬物皆父之，故必能舍道，則百靈咸役，術之宗也。"陶、高説是。

九竅十二舍者,氣之門戶,心之總攝也。生受於天,謂之真人,真人者與天爲一。

【陶注】十二舍者,謂目見色、耳聞聲、鼻臭香、口知味、身覺觸、意思事,根境互相停舍。舍有十二,故曰"十二舍"也。氣候由之出入,故曰氣之門戶也。唯心之所操舍,故曰"心之總攝"也。凡此皆受之於天,不虧其素,故曰"真人"。真人者,體同於天。故曰"與天爲一"也。

【考説】舍,此處指止息之處。下文曰"氣之門戶",則此十二舍,則是"氣"之十二處止息之所。《周禮》以爲有九藏,《周禮·天官·疾醫》:"參之以九藏之動。"鄭玄注:"正藏五,又有胃、膀胱、大腸、小腸。"《素問·靈蘭秘典論》除上述九藏外,又加上膽、膻中、三焦三藏,共十二官,稱十二藏。十二舍,即十二藏。真人,道家稱存養本性的得道之人。此言人之外表九竅及體內十二臟皆氣出入門戶,皆以心爲歸。故養神者,皆爲真人。陶説是。

內修練而知之,謂之聖人,聖人者,以類知之。

【陶注】內修練,謂假學而知者也。然聖人雖聖,猶假學而知;假學即非自然,故曰以類知之也。

【校訂】練,《道藏》本、乾隆本、《百子全書》本作"鍊"。"內修練"前,《道藏》本、嘉靖鈔本、乾隆本、《百子全書》本衍"而知之者"四字。

【考説】內在修煉心氣,以心氣馭五官,無不觸類旁通,能爲此即爲聖人。陶説假學而知,非是。

故人與一生,出於物化。

【陶注】言人相與生在天地之間,得其一耳。但既出之後,隨物而化,故有不同也。

【校訂】一生,《道藏》本、藍格本、乾隆本、《百子全書》本作"生一",嘉靖鈔本作"生,生一"。物化,藍格本作"化物"。

【考説】尹桐陽曰："生謂衆物。"此言人與一同生,故能物化。陶説是,尹説非。

知類在竅,有所疑惑,通於心術,心無其術,必有不通。

【陶注】竅,謂孔竅也。言知事類在於九竅,然九竅之所疑,必與心術相通。若乃心無其術,術必不通也。

【校訂】心無其,《道藏》本、乾隆本、《百子全書》本脱。

【考説】竅,即九竅。心,心臟,古人以爲心臟乃人之思維器官。此言人憑九竅而知事類,九竅不能直接感知的,則需要借助心。若心無術,即心與九竅之間無法相通,則必有疑惑也。陶説意亦是。

其通也,五氣得養,務在舍神,此謂之化。

【陶注】心術能通,五氣自養。然養五氣者,務令神來歸舍,神既來舍,自然隨理而化也。

【校訂】謂之,《道藏》本、乾隆本、《百子全書》本乙倒作"之謂"。

【考説】此言心與九竅之間相通,則氣運行通暢,五氣得養,神亦能安居於心中。陶説是。

化有五氣者,志也,思也,神也,德也,神其一長也。静和者養氣,氣得其和,四者不衰,四邊威勢無不爲存而舍之,是謂神化。歸於身,謂之真人。

【陶注】言能化者,在於全五氣。神其一長者,言能齊一志思而君長之。神既一長,故能静和而養氣,氣既養,德必和焉。四者謂志、思、神、德也。是四者能不衰,則四邊威勢無有不爲常存而舍之,則神道變化,自歸於身。神化歸身,可謂真人也。

【校訂】"氣得其和"之"氣",《道藏》本、乾隆本、《百子全書》本作"養氣",嘉靖鈔本作"若氣"。

【考説】此言五氣之變化，產生不同效果，或志、或思、或神、或德。而神乃最佳效果。五氣之融和合一，則志、思、神、德四者均有效果。五氣混行五臟之內，此謂神化，歸諸肉體，便成真人。陶説以神長而静，静而養氣，亦通。

真人者，同天而合道，執一而養産萬類，懷天心，施德養，無爲以包志慮思意，而行威勢者也。士者通達之。神盛乃能養志。

【陶注】一者，無爲也。言真人養産萬類，懷抱天心，施德養育，皆以無爲爲之。故曰執一而養産萬類。至於志意思慮運行威勢，莫非自然循理而動，故曰無爲以包也。然通達此道，其唯善爲士者乎！既能盛神，然後乃可養志也。

【考説】此言盛神即爲真人，真人則無所不能。既盛神，乃能養志。陶説盛神能成真人，真人養萬物，行威勢，無爲而思慮，當爲策士所學者，甚合其意。

養志法靈龜。

【陶注】志者察是非，龜能知吉凶，故曰"養志法靈龜"。

【考説】此言蓄養氣志須效法靈龜。古人認爲龜有靈性，故稱靈龜。龜爲了自我保護，總是將頭、四足和尾巴縮在龜殼裏。這裏取其"集中"之意。養志就是將四散的心氣像烏龜把頭四肢尾巴縮在一起一樣，所以説"養志法靈龜"。高金體曰："志察理，龜察事，故法之。妙理微言。"陶、高説，可參。

養志者，心氣之思不達也。

【陶注】言以心氣不達，故須養志以求通也。

【考説】古人認爲心臟是思維器官。心氣之思不達，意謂思路不暢。

養志則能使思維敏銳,思路順暢。陶説是。

有所欲,志存而思之。志者,欲之使也。欲多則心散,心散則志衰,志衰則思不達。

【陶注】此明縱欲者,不能養氣志,故所思不達也。

【校訂】"多"字後,《道藏》本、嘉靖鈔本、乾隆本衍"志"字。

【考説】此言思路不暢是源於多欲。人多欲,則心思不能集中,思路分散,故思維散亂而不集中。陶説縱欲者不能養志,只言現象,未及原因,不免遺憾。

故心氣一,則欲不徨;欲不徨,則志意不衰;志意不衰,則思理達矣。

【陶注】此明寡欲者,能養其志,故思理達矣。

【校訂】徨,《道藏》本、乾隆本、《百子全書》本作"偟"。下同。

【考説】此言養志須心氣專一,則欲必寡,欲寡則思緒集中。陶説寡欲能養志,合於文意。

理達則和通,和通則亂氣不煩於胸中。

【陶注】和通則莫不調暢,故亂氣自消。

【校訂】煩,一本作"暴"。

【考説】此言和氣暢通,亂氣即歸於平順而自消失。陶説是。

故內以養志,外以知人。養志則心通矣,知人則職分明矣。

【陶注】心通則一身泰,職明則天下平。

【校訂】"故內以養志"之"志",《道藏》本、乾隆本、《百子全書》本訛作"氣"。職分,《道藏》本、嘉靖鈔本、乾隆本、《百子全書》本乙倒作"分職"。

【考說】此言内在精氣神得養,便能善知他人。養志即能心氣通暢,知人則能循名責實,任用好官員各負其責,國家就能得到治理。陶說亦簡略,義亦不差。

將欲用之於人,必先知其養氣志,知人氣盛衰,而養其志氣,察其所安,以知其所能。

【陶注】將欲用之於人,謂以養志之術用人也。養志則氣盛,不養則氣衰。盛衰既形,則其所安所能可知矣。然則善於養志者,其唯寡欲乎。

【校訂】"養其志氣"之"志氣",《道藏》本、乾隆本、《百子全書》本乙倒作"氣志"。

【考說】此言將養志之術用於他人,觀對方養志可否,斷其氣之冲盈,而後識別之。陶說以養志之術用之於人,盛衰既形,則人可知。合於文意。

志不養,則心氣不固;心氣不固,則思慮不達;思慮不達,則志意不實;志意不實,則應對不猛;應對不猛,則志失而心氣虚;志失而心氣虚,則喪其神矣。

【陶注】此明喪神始於志不養也。

【校訂】"則志失而心氣虚"之"志失",《道藏》本、乾隆本、《百子全書》本乙倒作"失志"。

【考說】此言志不養則心氣不一,心氣不一,則神無所居,神無所居,則外在應對即不能恰到好處。外部反應不迅捷靈敏反過來也折射到心裏,造成志失與心氣虚。志失與心氣虚,則導致神的喪失。陶說喪神始於志不養,於義亦合。

神喪則仿佛,仿佛則參會不一。

【陶注】仿佛,不精明之貌;參會,謂志、心、神三者之交會也。神不精明則多違錯,故參會不得其一也。

【考説】神喪就會使人精神恍惚,意識迷糊。精神恍惚就會導致志、心、神不能相互協調配合。陶説參會,謂志、心、神三者之交會,正得其旨。

養志之始,務在安己。己安則志意實堅,志意實堅則威勢不分,神明常固守,乃能分之。

【陶注】安者謂寡欲而心安也。威勢既不分散,神明常來固守。如此則威積而勢震物也。上"分",謂散亡也,下"分",謂我有其威,而能動彼,故曰"乃能分之"也。

【校訂】陶注"威積而勢震"五字,《道藏》本、乾隆本訛作"威精分勢震動"。

【考説】此言養志務必先安己内心,使己平靜。靜則神固守,志得養也。陶説未及務在安己,則失其本也。

實意法螣蛇。

【陶注】意有委曲,蛇能屈伸,故實意者,法螣蛇也。

【考説】螣蛇,傳説中一種能飛的神蛇。古人占卜以爲螣蛇所飛的地方,或禍或福,所應不差。實意,心之氣開始思慮,心氣一思慮,志就表現出意圖,就像螣蛇所指符應不差,故曰"實意法螣蛇"。陶説蛇,非螣蛇,未能觸及本意。

實意者,氣之慮也。

【陶注】意實則氣平,氣平則慮審。故曰"實意者氣之慮也"。

【考説】此言充實志意,乃心氣之慮所須。意實則心氣平和,思慮精審。陶説是。

心欲安静，慮欲深遠。心安静則神策生，慮深遠則計謀成。神策生則志不可亂，計謀成則功不可間。

【陶注】智不可亂，故能成其計謀；功不可間，故能寧其邦國。

【校訂】神策生，《道藏》本作"神明榮"。下同。

【考説】此言心静之重要。心静則計謀生，計謀生則功可成。陶説智不可亂則功可成，而未言智不亂須心安静。意亦近是。

意慮定則心遂安，心遂安則所行不錯，神自得矣，得則凝。

【陶注】心安則無爲而順理，不思而玄覽。故心之所行不錯，神自得之。得則無不成矣。凝者，成也。

【校訂】心遂安則所行不錯，《道藏》本、乾隆本、《百子全書》本有脱文，作"則其所行不錯"。"神自得矣，得則凝"，《道藏》本、乾隆本、《百子全書》本作"神者得則凝"。

【考説】此言意慮安定，心遂安定，心定，則所行無誤。所行無誤，則精神飽滿，精力集中。陶説心安則所行不錯，是。

識氣寄，奸邪而倚之，詐謀而惑之，言無由心矣。

【陶注】寄謂客寄。言識氣非真，但客寄耳，故奸邪得而倚之，詐謀得而惑之。如此則言皆胸臆，無復由心矣。

【校訂】奸邪，《道藏》本、乾隆本、《百子全書》本作"奸邪得"。詐謀，《道藏》本、乾隆本、《百子全書》本作"詐謀得"。

【考説】識氣寄，意謂識得氣之所寄，意即心裏有惦記的東西。此句言心有所惦記，就不能專心一意，奸邪就有了依托的地方，就可能被對方的詐謀所迷惑。這裏仍是強調"心齋"。若不心齋，口出言則不受心之控制也。陶説若已認識到氣非真處於心,而客寄,則奸邪倚之,出言皆胸臆,不受心之控也,於義未合。高金體曰:"識者,虚妄之見。識氣易眩,如螢光爝火,飛柯游蜺皆得隱之。"高説亦未及其旨。

故信心術,守真一而不化,待人意慮之交會,聽之候之也。

【陶注】言心術誠明而不虧,真一守固而不化,然後待人接物,彼必輸誠盡意,智者慮能,明者獻策,上下同心,故能謀慮交會也。用天下之耳聽,故物候可知矣。

【校訂】"候"字下,《道藏》本、乾隆本、《百子全書》本有"之"字。今據補。

【考説】此言要相信淨心的方法,守住真氣而不使之外流,安神静心,待人精力高度集中,則可聽任事物任何變化。陶説是。

計謀者,存亡之樞機。慮不會,則聽不審矣,候之不得,計謀失矣,則意無所信,虛而無實。

【陶注】計得則存,計失則亡,故曰"計謀者,存亡之樞機"。慮不合物,則聽者不爲己聽,故聽不審矣。聽既不審,候豈得哉!乖候而謀,非失而何?計既失矣,意何所信?惟有虛僞,無復誠實也。

【校訂】陶注"意何所信"之"信"字,《道藏》本作"恃"。

【考説】此言計謀與實意之間的關係。計謀失則意虛,欲使計謀得,則必須實意。陶説迂曲。

故計謀之慮,務在實意,實意必從心術始。

【陶注】實意則計謀得,故曰"務在實意";實意由於心安,故曰"必在心術始"也。

【校訂】"故計謀之慮,務在實意,實意必從心術始",《道藏》本、乾隆本、《百子全書》本均誤作注文。此句陶注"實意則計謀得，故曰務在實意；實意由於心安"十八字注文，《道藏》本、乾隆本、《百子全書》本均脱。

【考説】此言計謀務在心安。心不安静，則計謀不得。陶説是。

無爲而求，安静五臟，和通六腑，精神魂魄，固守不動，乃能内視，反聽，定志。慮之太虚，待神往來。

【陶注】言欲求安心之道，必先寂澹無爲。如此則五臟安静，六腑和通，精神魂魄各守所司，澹然不動則可以内視無形，反聽無聲，志慮宅太虚，至神明千萬往來歸於已也。

【校訂】慮，《道藏》本、乾隆本、《百子全書》本作"思"。陶注"宅"字，《道藏》本、乾隆本作"定"。

【考説】内視，即以心視。俞樾《諸子平議》十九《莊子平議》："内視者，非謂收視反聽也。謂不以目視而以心視也，後世儒者，執一理以斷天下事，近乎心有睫矣。""反聽"與"内視"並列，此亦指用心去聽。董仲舒《春秋繁露・同類相動》："故聰明聖神，内視反聽，言爲明聖；内視反聽，故獨明聖者，知其本心皆在此耳。"《越絶書》："范蠡内視若盲，反聽若聾。"此言無爲方能内視反聽，神方往來。陶説意亦及是。

以觀天地開闢，知萬物所造化，見陰陽之終始，原人事之政理，不出户而知天下，不窺牖而見天道，不見而命，不行而至。

【陶注】唯神也，寂然不動，感而遂通天下之故，能知於不知，見於不見，豈待出户窺牖，然後知見哉！同於不見而命，不行而至也。

【校訂】陶注"同於"，《道藏》本、乾隆本作"固以"。

【考説】此言以心視，則明陰陽之終始，通人事之政理，無所不能。陶説惟神可明陰陽之終始，通人事之政理，無所不能。陶注以爲此句乃承上文"待神往來"之"神"而來。恐非是。

是謂道知,以通神明,應於無方,而神宿矣。

【陶注】道,無思也,無爲也。然則道知者,豈用知而知哉!以其無知,故能通神明,應於無方而神來舍矣。宿猶舍也。

【考說】無爲而知,是謂道知。達到道知狀態,即能與神明相通而無所不能,神亦來宿於此矣。陶說道即無爲,無爲則神宿於心,於義亦合。

分威法伏熊。

【陶注】精虛動物謂之威,發近震遠謂之分。熊之搏擊,必先伏而後動。故"分威法伏熊"也。

【考說】分威,言神之伏以分他人之威。神盛則威盛,威盛則莫能當。己方威盛,則能分他人之威勢,達到以實取虛、以有取無、神存兵亡之效果。陶說"熊之搏擊,必先伏而後動。故分威法伏熊也",所說有理,然未解何方散發威勢。尹桐陽曰:"分,奮也。熊之搏擊,必先伏而後動。分威,故法之。"尹說則明言奮己之勢。高金體曰:"伏者,藏也,靜也。靜藏者,明以乘彼暗,無物不可得而攫也。物皆有威,不可相犯。我乘其暗,則其威勢忽然分散。譬如轂卵在彼盲手,我從攫之,無不得者。故善伏熊之法,萬物雖有威勢,莫不分散如彼盲者也。"高說意爲分散對方威勢。本篇言散發己方威勢。下文"散勢"言散發對方威勢。鬼谷之學,以陰陽兩方立論,不可片面作解。

分威者,神之覆也。

【陶注】覆,猶衣被也。神明衣被,然後其威可分也。

【校訂】陶注"威"字,《道藏》本、乾隆本作"職"。

【考說】覆,意即伏。此言威勢散發,須當神伏於其中。尹桐陽曰:"神藏於內,乃有威以奮於外。"尹說是。陶說"神明衣被",亦有神伏於其中之意。合於文意。

故静意固志，神歸其舍，則威覆盛矣。

【陶注】言致神之道，必須静意固志，自歸其舍，則神之威覆隆盛矣。舍者，志意之宅也。

【校訂】静意固志，《道藏》本、乾隆本、《百子全書》本訛作"静固志意"。

【考説】此言欲散發威勢者，必先意静志固，使意志專一，神歸於心中，如此則威勢壯盛。陶説散勢須神在心中，所散者神之勢也。是。

威覆盛，則内實堅；内實堅，則莫當；莫當，則能以分人之威，而動其勢，如其天。

【陶注】外威既盛，則内志堅實，表裏相副，誰敢當之。物不能當，則我之威分矣，威分勢動，則物皆肅然，畏敬其人若天也。

【校訂】陶注"物不能當"後，《道藏》本、乾隆本衍"之物不能當"五字。"威分勢動"之"勢"，《道藏》本、乾隆本脱。"畏敬其人"之"敬"，《道藏》本、乾隆本脱。

【考説】此言威勢盛，内心則堅實，内心堅實則可分他人之威。陶説内心堅實，物不能擋，他人之勢必動，於義亦合。

以實取虚，以有取無，若以鎰稱銖。

【陶注】言威勢既盛，人物肅然，是我實有而彼虚無，故能以我實取彼虚，以我有取彼無，其取之也，動必相應，猶稱銖以成鎰也，二十四銖爲兩，二十四兩爲鎰也。

【校訂】銖，《道藏》本訛作"珠"，下注同。陶注"爲兩，二十四兩"六字，《道藏》本、乾隆本脱。

【考説】此言以威盛勝威不盛，若以鎰稱銖，以重馭輕，輕而易得。陶説我有威則我取彼輕而易舉也。

故動者必隨，唱者必和，撓其一指，觀其餘次，動變見形，無能間者。

【陶注】言威分勢震，靡物猶風，故能動必有隨，唱必有和。但撓其指，以名呼之，則群物畢至，然徐徐以次觀其餘，衆循性安之，各令得所。於是風以動之，變以化之，猶泥之在鈞，群器之形自見如此，則天下樂推而不厭，誰能間之也。

【校訂】陶注"靡物猶風"之"靡"，《道藏》本、乾隆本脱。"衆循性安之"之"循"，《道藏》本、乾隆本作"猶"。

【考說】此言奮威之效果，無可抵擋。陶説"分威"無所不能，以名呼物，無不畢至，循性安之，各令得所。於義有所闡發，有補於文意。

審於唱和，以間見間，動變明而威可分也。

【陶注】言審識唱和之理，故能有間，必知我；既知間，故能見間，而既見間，即莫能間，故能明於動變而威可分也。

【校訂】陶注"故能見間，而既見間，即莫能間"，《道藏》本、乾隆本作"亦既見間，即能間"。脱文較多。

【考說】分他人之威時，須善於洞悉對方之應變與舉動，以尋找分其威勢之機會。陶説意亦及此。

將欲動變，必先養志伏意以視間。

【陶注】既能養志伏意，視知其間，則變動之術可成矣。

【校訂】陶注"視知其間"之"知"，《道藏》本、乾隆本作"之"。

【考說】此言己方在將要做出舉動和應變之前，必定要先固氣養志，隱藏意圖，等待機會。陶説伺機窺間，須養志伏意，於義合。尹桐陽曰："視，效也；間，同'偘'。'視間'即上所謂'法伏熊'。"尹説結合上文作解，可參。

知其固實者,自養也;讓己者,養人也。故神存兵亡,乃爲之形勢。

【陶注】謂自知志意固實者,此可以自養也;能行禮讓於己者,乃可以養人也。如此則神存於内,兵亡於外,乃可爲之形勢也。

【考説】此言己身意志固實須自養,此與《反應》篇言己不先定,牧人不正一致,鬼谷子一貫所强調者也。自養則神存,神存則威勢自分。陶説志意固實須待自養,於義合。

散勢法鷙鳥。

【陶注】勢散而物服,猶鳥擊禽獲,故"散勢法鷙鳥"也。

【考説】散勢,分散對方的威勢。神之使而對方之勢應聲而散。鷙鳥,凶猛而迅速出擊的鳥。鷙鳥出擊,必尋間而動。散發對方的威勢,必循間而動,出擊迅速而凶猛,故曰"散勢法鷙鳥"。陶説未及本意。高金體曰:"伏熊之法,既分其威,必急擊之,其勢乃散。若少不擊,使得知備,則其威乃振,不可復擊。故鷙鳥之翔,一伏一擊,不攖其所備,不失其所不備。"高説强調鷙鳥之一伏一擊,不懼突襲,也可反擊,可參。

散勢者,神之使也。

【陶注】勢由神發,故勢者,神之使也。

【考説】此言散勢乃神出。上文"分威"乃神之伏,此言"散勢"乃神之出,正相對文。陶説是。

用之,必循間而動。

【陶注】無間則勢不行,故用之必循間而動。

【考説】此言散勢必待機而後動。陶説散勢須尋間,無間則勢不散,故必循間而動,於義合。

威肅內盛，推間而行之，則勢散。

【陶注】言威勢內盛行之，又因間而發，則其勢自然布散矣。

【校訂】陶注"威勢內盛"之"威勢"，《道藏》本、乾隆本作"威敬"。"自然布散"之"散"字前，《道藏》本、乾隆本無"布"字。

【考説】此言威勢在內蓄積，待間而發，有間則勢必然崩散。陶説意亦合旨。

夫散勢者，心虛志溢。

【陶注】心虛則物無不包，志溢則事無不決，所以能散其勢。

【考説】此言散勢之要求。己方要做到內心虛靜專一，志得意滿，而後能散對方之勢。陶説亦從己方言，合於文意。

意衰威失，精神不專，其言外而多變。

【陶注】志意衰微而失勢，精神挫衂而不專，則言疏外而多譎變也。

【校訂】意衰威失，《道藏》本、乾隆本、《百子全書》本訛作"意失威勢。"

【考説】此言心多欲，志意衰，神不專，則言辭前後不一，對答失誤。此所謂間也。陶説意亦及此。

故觀其志意爲度數，乃以揣説圖事，盡圓方，齊短長。

【陶注】知其志意隆替，然後爲之度數。度數既立，乃復揣而説之。其圖事也，必盡圓方之理，齊短長之用也。

【校訂】短長，《道藏》本、乾隆本、《百子全書》本訛作"長短"。

【考説】此言對對方進行觀察，以得到對方真實的"志"和"意"爲標準。一旦得其真意，則揣摩如何游説，以及如何策劃計謀。或説一些投合對方的話，或説一些按規矩應該説的話，在游説過程中，根據實際情況靈活地運用計謀。陶説知對方志意變化，而爲之策謀度數，然後游説也。

陶注落實到縱橫家游説之實踐中，於義亦合。

　　無間則不散勢，散勢者待間而動，動而勢分矣。
　　【陶注】散不得間，則勢不行。故散勢者，待間而動，動而得間，勢自分矣。
　　【校訂】"無間則不散勢"之"間"，《道藏》本、乾隆本、嘉靖鈔本、《百子全書》本脱。"散勢者待間而動"之"散勢"，原脱，據《道藏》本補。"動而勢分"之"而"字，《道藏》本、乾隆本、《百子全書》本脱。
　　【考説】此言散勢待間而行，不得間則勢不行。得間則勢分。陶説意亦及此。

　　故善思間者，必内精五氣，外視虚實，動而不失分散之實。
　　【陶注】五氣内精，然後可以外察虚實之理。虚實之理不失，則必可知其有間，故能不失分散之實也。
　　【校訂】陶注"則必可知"之"則"字後，《道藏》本、乾隆本衍"間"字。
　　【考説】此言善散勢必善尋間，善尋間必内和五氣，五氣和則能察虚實。陶説亦以内養五氣，然後可察間，於義亦通。

　　動則隨其志意，知其計謀。
　　【陶注】計謀者，志意之所成。故隨其志意，以知其計謀也。
　　【考説】此言對方動則有間，間則知其計謀。陶説以因果關係立論，於義有補。

　　勢者，利害之決，權變之威。勢敗者，不以神肅察也。
　　【陶注】神不肅察，所以勢敗也。

【校訂】陶注"勢敗",秦恩復校曰:"'敗'字疑'散'字。"

【考說】此言是否善於散勢,乃決定利害之關鍵。陶說未及"勢者,利害之決",此句乃散勢之緣由也。

轉圓法猛獸。

【陶注】言聖智之不窮,若轉圓之無止。轉圓之無止,猶獸威無盡,故"轉圓法猛獸"也。

【校訂】秦恩復校曰:"孫季逑云疑即'轉丸'。"

【考說】轉圓,即轉圜,原指轉動圓體的器物。本文轉圓即得無窮之計之法。得計若轉圓,因圓而順也。《漢書·梅福傳》:"昔高祖納善若不及,從諫若轉圜。"師古注:"轉圜,言其順也。"猛獸捕食,亦因其威猛強大而易得也,此亦順也。故轉圓法猛獸。高金體曰:"猛獸之威無盡,猶轉圓之勢無止。聖人心語順物,莫得而窮之,蓋猶是也。"尹桐陽曰:"猛獸之威無盡無止,轉圓故以之為法。"諸說近其意旨。

轉圓者,無窮之計也。無窮者,必有聖人之心,以原不測之智而通心術。

【陶注】聖心若鏡,物感斯應。故不測之智可原,心術之要可通也。

【校訂】"以原不測之智"之"智"字後,《道藏》本、嘉靖鈔本、乾隆本、《百子全書》本衍"以不測之智"五字。原,一本作"厚"。

【考說】此言計謀若像圓形器物不停轉動一樣源源不斷產生出來,必須要有聖人一樣的心胸,然後才能推原不測之智,通於心術。陶說不測之智必待聖人之心,合於文意。

而神道混沌為一,以變論萬類,說義無窮。

【陶注】既以聖心原不測,通心術,故雖神道混沌,如物杳冥,而能論萬類之變,說無窮之義也。

【校訂】"萬"字後,《道藏》本、乾隆本、《百子全書》本衍"義"字,嘉靖鈔本衍"象"字。陶注"混沌如物"之"如"字,《道藏》本、乾隆本作"妙"。

【考說】俞樾曰:"變、辯、遍,古字通用。此云'變論萬類',即遍論萬類也。以爲萬類之變,失其旨也。"此言大自然造化萬物神妙莫測,但有一根本道理,緊緊抓住這個根本的道理,就可以掌控大自然中的一切事物,可供窮究的道理無窮無盡。陶說神道雖混沌,然以聖心觀照,則萬類之變皆可掌控也。可參。俞說是。

智略計謀,各有形容,或圓或方,或陰或陽,或吉或凶,事類不同。

【陶注】事至,然後謀興;謀興,然後事濟。事無常準,故形容不同。圓者運而無窮,方者止而有分。陰則潛謀未兆,陽則功用斯彰。吉則福至,凶則禍來。凡此事皆反覆,故曰"事類不同"也。

【校訂】陶注"功用斯彰"之"彰",原作"動",據《道藏》本改。"事皆反覆"之"覆",《道藏》本、乾隆本脫。

【考說】此言運用智慧進行計謀制定策略,隨著事物種類以及客觀情況不同而不斷變化。如圓也,順勢而變也。陶說事無常準,故形容不同,形容不同則興謀不同,未達本意。

故聖人懷此用,轉圓而求其合。

【陶注】此謂所謀"圓方"以下六事,既有不同,或多乖謬。故聖人懷轉圓之思,以求順通合也。

【校訂】"此"字下,《道藏》本、乾隆本、《百子全書》本有"之"字。陶注"聖人懷轉圓之思"之"懷",《道藏》本、乾隆本作"法"。

【考說】此言聖人通轉圓之理,尋找適合計謀以成事。陶說"圓方"以下六事,即上文"或圓或方,或陰或陽,或吉或凶",此不同,轉圓求合也。

故與造化者爲始，動作無不包大道，以觀神明之域。

【陶注】聖人體道以爲用，其動也神，其隨也天，故與造化其初，動作先合大道之理，以稽神明之域。神道不違，然後發號施令也。

【校訂】與，《道藏》本、乾隆本、《百子全書》本訛作"興"。陶注"與造化其初"五字，《道藏》本、乾隆本訛作"興造教化其功"。陶注"動作先合"之"合"，原作"含"，今據《道藏》本改。

【考説】此言聖人能體味自然造化陰陽初始之理，故其行爲無不合於大道，且通神明之域。陶説聖人動則神隨，故可任意發號施令也，於義亦合。

天地無極，人事無窮，各以成其類，見其計謀，必知其吉凶成敗之所終。

【陶注】天地則獨長且久，故無極；人事則吉凶相生，故無窮。天地以日月不過、陵谷不遷爲成，人事以長保元亨、考終厥命爲成。故見其事之成否，則知其計謀之得失。知其計謀之得失，則吉凶成敗之所終皆可知也。

【校訂】陶注"知其計謀之得失"一句，《道藏》本、乾隆本無。

【考説】此言天地人事皆無窮盡，故當以類知之。以類知之則見其計謀，知其成敗之最終結果。陶説未及"以類知之"，不爲妥當。

轉圓者，或轉而吉，或轉而凶，聖人以道先知存亡，乃知轉圓而從方。

【陶注】言吉凶無常準，故取類轉圓。然唯聖人坐忘遺鑒，體同乎道。故能先知存亡之所在，乃後轉圓而從其方，棄凶而趨吉，方謂吉之所在也。

【校訂】陶注"棄凶而趨吉"之"趨"字，《道藏》本、乾隆本作"從"。"方謂吉之所在"之"吉"字，《道藏》本、乾隆本作"存亡"。

【考説】此言運用轉圓須注意之事項。轉圓并不總是帶來利益，使用不當亦可能給自己帶來災禍。聖人因能先知存亡之所在，故用轉圓之術總能趨長避短，及時從轉圓術中解脱出來，形成固定策略，給自己帶來穩定的利益。陶説吉凶無常準，然取類轉圓，亦須謹愼，只有聖人方能棄凶而趨吉，合乎文意。

圓者，所以合語；方者，所以錯事；轉化者，所以觀計謀；接物者，所以觀進退之意。

【陶注】圓者，通變不窮，故能合彼此之語；方者，分位斯定，故可以錯有爲之事；轉化者，改禍爲福，故可以觀計謀之得失；接物者，順通人情，故可以觀進退之意、是非之事也。

【校訂】陶注"觀進退之意"之"之意"二字，原脱，據《道藏》本、乾隆本補。

【考説】圓與轉化者對應，方與接物者對應。圓能轉化，故能合言語，觀計謀；方能接物，故能處事物，觀進退。陶説圓者變，方者定，圓方之轉化，乃可接物計謀，於義甚合。

皆見其會，乃爲要結以接其説也。

【陶注】謂上四者，必見其會通之變，然後總其綱要以結之，則情僞之説，可接引而盡矣。

【校訂】陶注"見其會通"四字，《道藏》本、乾隆本奪"其"、"通"二字。

【考説】此言無論是用"圓"，還是用"方"，都要看到問題的癥結所在，然後抓住關鍵去進行迎合對方需要之游説。陶説合語、錯事、轉化、接物，四者皆須綱以結之，意亦通。

損兑法靈蓍。

【陶注】《老子》曰："塞其兑。"河上公曰："兑，目也。"《莊子》曰："心有眼。"然則兑者,謂以心眼察理也。損者,謂減損他慮,專以心察也。兑能知得失,蓍能知休咎,故"損兑法靈蓍"也。

【考説】損兑即少言。損,減少。兑,通"説",下文有"損之説之,物有不可者"之句可證。高金體曰:"損者,減也;兑者,言也。靈蓍不言,而爲是非之決;聖人不言,而爲是非之准。"高説合理。俗語云"言多必失",言多則泄己方之密多。己方之密泄即間,即巇,即給對方可乘之機。如此,可被他人利用。故少言則辭減,辭減則語不泄。蓍,蓍草。蓍草不言,而意無窮。陶説損兑爲減損他慮,專以心察,可參。

俞樾曰:"《老子》曰:'塞其兑。'河上公注:'兑,目也。'陶氏即用以説此'兑'字,而又引《莊子》'心有眼'之説,謂兑者,以心眼察理,損者,減損也,慮專以心察。其説迂曲,殆不可從。從下文曰'益之損之,皆爲之辭',疑此文亦當作損益。揲蓍求數,有多有少,故曰損兑法靈蓍也。下文曰:'兑者,知之也;損者,行之也。''兑'亦當作'益',知貴乎博,爲學日益之事,故曰'益者,知之也'。行貴乎約,爲道日損之事,故曰'損者,行之也'。若作'兑'字,義皆不可通矣。"俞棪曰:"陶注引《老子》'塞其兑',以心眼釋兑,謂'兑者以心眼察理也'。陶説非也。兑者,説也。"蕭登福曰:"兑是悦的意思。《釋名・釋天》説:'兑,説也。物皆備足皆喜悦也。'"諸説可參。

損兑者,機危之決也。

【陶注】幾危之兆,動理之微,非心眼莫能察見,故曰損兑者,機危之決也。

【校訂】陶注"兆動理"三字,《道藏》本、乾隆本乙倒,作"理兆動"。

【考説】此言損兑之術,乃爲處理危險問題之關鍵。陶説損兑爲察微之術,可參。

事有適然,物有成敗,機危之動,不可不察。

【陶注】適然者,有時而然也。物之成敗,有時而然。機危之動,自微至著。若非情識遠深,知機玄覽,則不能知於未兆,察於未形,使風濤潛駭,危機密發,然後河海之量堙爲窮流,一簣之積疊成山嶽。不謀其始,雖悔何追,故曰"不可不察"也。

【校訂】機,《道藏》本作"幾"。下注同。

【考說】此言萬事萬物發展變化,皆源於初始之機,故初始時蛛絲馬迹之形,不可不察。此與抵巇之術相關也。陶說機危之動,自微至著,若不識之,後果若一簣之積疊成山嶽,一發而不可收。有補文意。

故聖人以無爲待有德,言察辭合於事。

【陶注】夫聖人者,勤於求賢,密於任使,故端拱無爲以待有德之士,士之至也,必敷奏以言,故曰"言察辭"也。又當明試以功,故曰"合於事"也。

【考說】此言對於觀察得到的危險徵兆,聖人用順應自然的原則來處理,通過考察對方的言辭,得其資訊然後去處理事情。陶說迂曲。

兌者,知之也;損者,行之也。

【陶注】用其心眼,故能知之;減損他慮,故能行之。

【校訂】陶注"用其心眼"之"眼",原作"服",據《道藏》、乾隆本改。

【考說】此言言說,己方資訊就容易被對方知道;少說,乃可以實行之。陶說兌爲心眼,可參。

損之說之,物有不可者,聖人不爲之辭。

【陶注】言減損之,說及其所說之物,理有不可,聖人不生辭以論之也。

【校訂】"聖人不爲之辭"句中"之"字,《道藏》本、乾隆本、《百子全書》本脫,下注同。

【考說】此言如果做到了少說,事情還是得不到解決的,聖人則不會隨便開口言説了。陶説意亦及此。蕭登福曰："處理事情時,或損之以求事功,或兑之以察其言辭;至於不可以損兑二法加以解決的,則聖人便不肯多費言辭去解説它。"蕭説可參。

故智者不以言失人之言,故辭不煩而心不虛,志不亂而意不邪。

【陶注】智者聽輿人之訟,采蕘蕘之言,雖復辯周萬物不自説也。故不以己能言而棄人之言,既用衆言,故辭當而不煩。還任衆心,故心誠而不僞。心誠言當,志意豈復亂邪哉!

【考説】此言智者皆不因自己不言説而失掉對對方言辭資訊之獲得。言辭不繁亂,心氣則不虛,心氣集中,志則不會散亂,志能凝聚,意念則端正。陶説亦重不自説,合於主旨。

當其難易而後爲之謀,因自然之道以爲實。

【陶注】夫事變而後謀生,改常而後計起。故必當其難易之際,然後爲之計謀。失自然之道,則事廢而功虧。故必因自然之道以爲用謀之實也。

【校訂】因,《道藏》本脱。

【考説】此言聖人知其難易之後而作謀劃,順自然之道而行事。陶説因自然之道以爲用謀之實,合於文意。

圓者不行,方者不止,是謂大功。益之損之,皆爲之辭。

【陶注】夫謀之妙者,必能轉禍爲福,因敗成功,沮彼而成我也。彼用圓者,謀令不行;彼用方者,謀令不止。然則圓行方止,理之常也。吾謀既發,彼不得守其常,豈非大功哉!至於謀之損益,皆爲生辭,以論其得失也。

【校訂】陶注"沮彼而成我"之"沮"字,《道藏》本、乾隆本作"追"。

【考説】此言圓的計策不行，就換爲方的計策，不找到合適的對策就不停止，能如此者成大功。陶説圓行方止，理之常也，亦合其旨。"至於謀之損益，皆爲生辭"云云，恐未必是。尹桐陽曰："使圓不行，使方不止，則有轉移，固有之能，因云大功。"可參。

用分威散勢之權，以見其兌威、其機危，乃爲之決。

【陶注】夫所以能分威散勢者，心眼之由也。心眼既明，機危之威可知之矣。既知之，然後能決之也。

【校訂】陶注"夫所以能分威散勢者"之"夫"，原作"兌"，今據《道藏》本、乾隆本改。

【考説】此言用分威、散勢之術，可見其隱微，於是作出決斷。陶説以心眼，可參。

故善損兌者，譬若決水於千仞之堤，轉圓石於萬仞之谿。而能行此者，形勢不得不然也。

【陶注】言善損慮以專心眼者，見事審，得理明，意決而不疑，志雄而不滯。其猶決水轉石，誰能當禦哉！

【校訂】"而能行此者，形勢不得不然也"一句，《道藏》本、乾隆本、《百子全書》本脱。

【考説】此言善於使用轉圓之術者，則成事易如反掌。陶説善心眼而無所不能，可參。

持　樞

【題解】

持樞意即抓住關鍵。本篇所論爲治國之關鍵。陶弘景注曰："樞者，居中以運外，處近而制遠，主於轉動者也。故天之北辰，謂之天樞；門之運轉者，謂之户樞。然則持樞者，執運動之柄以制物者也。"尹桐陽曰："《說文》：樞，户樞也。所以主運轉者。"

此篇殘缺，其主旨與結構無法得見。陶弘景曰："此持樞之術，恨太簡促，暢理不盡，或簡篇脱爛，本不能全故也。"殘留部分言人君治國要遵從天道，順任自然規律，不可違背。效法自然規律，則可掌握治國安民之關鍵。

自然規律與社會規律，乃先秦諸子討論話題之一。儒家較少論述自然規律，倡言"天命不可知"，而較多言及社會規律。孔子試圖以"正名"思想建立新的社會秩序，以促進道德建設而救世。而道家則較多地探討自然規律。老子提出"道"的學說，認爲"道生一，一生二，二生三，三生萬物"。莊子繼承老子，進一步提出"道"與世上萬物根本不需要人的干預而存在，有著"自取"、"自已"的獨立規律。縱橫家卻試圖打通自然規律與社會規律，以已發現之自然規律來比附社會規律，以自然界的規律用於治理人類社會。顯示出與儒道不同的理路，本篇即爲代表作。

《意林》引《鬼谷子》佚文曰："以德養民，猶草木之得時；以仁化人，猶天生草木以雨潤澤之。"疑此篇佚文。

持樞，謂春生、夏長、秋收、冬藏，天之正也。

【陶注】言春夏秋冬四時運行，不爲而自然也，不爲而自然，所以爲正也。

【考説】此言做到春生、夏長、秋收、冬藏，順其自然，即抓住了爲政治國的關鍵。陶説未及"持樞"，未盡其旨。尹桐陽曰："正同政。"尹説是。《論語·顔淵》："政者，正也。子帥以正，孰敢不正？"

不可干而逆之，逆之者，雖成必敗。

【陶注】言理所必有，物之自然，靜而順之，則四時行焉，萬物生焉。若乃干其時令，逆其氣候，成者猶敗，況未成者乎？元亮曰："含氣之類，順之必悦，逆之必怒，況天爲萬物之尊而逆之乎。"

【考説】此言順應自然，不可逆自然之道。元亮，晋人陶潛字。此處當爲陶弘景引陶潛語以作解。尹桐陽曰："干，犯也。"

故人君亦有天樞，生、養、成、藏，

【陶注】言人君法天以運動，故曰亦有天樞。然其生養成藏，天道之行也。人事之正，亦復不别耳。

【考説】此言人主治國同於自然，不可違背生、養、成、藏之規律。陶説亦及此意。

亦不可干而逆之，逆之者，雖盛必衰。此天道，人君之大綱也。

【陶注】言干天之行，逆人之正，所謂倒置之，故曰逆非衰而何？此持樞之術，恨太簡促，暢理不盡，或簡篇脱爛，本不能全故也。

【校訂】"亦"字後，《道藏》本有"復"字。可，《道藏》本、嘉靖鈔本、乾隆本、《百子全書》本訛作"别"。者，《道藏》本、乾隆本、《百子全書》本脱。陶注"故曰逆非衰而何"一句，《道藏》本、乾隆本作"曰道非義而何"。"此持樞之術"前，一本有"陶弘景曰"。

【考説】此言生、養、成、藏，人主不可逆而行，爲人君之大綱。

中　經

【題解】

中經，與本經相對而言，《本經》是講内在修煉，《中經》則主要是説策士處於亂世如何振窮趨急、救亡使存之策略與技巧。陶弘景曰："謂由中以經外，發於心本，以彌縫於物者也，故曰《中經》。"高金體曰："中者，心也。經者，經也。事有經有緯。士飾言進辭，要在濟物，此《中經》之意也。下'見形'等七事，《中經》之數。"尹桐陽曰："淮南王安有内書、外書，又有中篇。《中經》者，當爲對内、外經以立名。本書有《本經》。本即笨，謂内經耳，其《捭闔》至《胠亂》十四篇，古殆名曰外經與？"《莊子》分《内篇》、《外篇》、《雜篇》。《韓非子》有内、外《儲説》，《鬼谷子》有《本經》、《中經》。故中經，與本經相對而言，亦爲先秦舊例。

全篇由兩個部分所組成：

首言縱橫策士所要承擔之社會責任。策士作爲社會精英，要在亂世異時之中，承擔救助陷入困境或有急難的人，施德於天下。既救人於困境之中，同時還要自保。

次乃分言策士處世救亡圖存之七術，分別爲：見形爲容，象體爲貌，聞聲知音，解仇鬥郄，綴去，卻語，攝心，守義。

所謂"見形爲容"，即依據卦爻和卦象來推測事物的吉凶徵兆。依據陰陽爻的位置和卦象之理，可以從一個人的外在行動、聲音、體態容貌等訊息推測出其内心世界。如不能通過外在相貌來猜測他的内心，則趕快隱藏自己的真情，彌補好語言和行爲中的漏洞，離他而去。

所謂"聞聲知音"，即通過與對方交談或聽對方説話，推測其愛好欲望與内心。然後與己對比,采用類推的辦法做出判斷,決定是否與對方交友。

　　所謂"解仇鬭郄",即團結弱者,抵抗強者。解仇,即解救弱小的同伴。鬭郄,就是抵抗強者。此爲策士重要的社會責任。對於弱者,替他解仇之法爲刺激他,侮辱其名聲,羞辱其祖宗,采用激將之法促其奮起。對於強者,則與其鬭之策略爲先示弱,高揚其聲名,然後乘其不備而擊之。

　　所謂"綴去",即用言語連綴將離開之人,使他心裏時刻不忘自己。在對方離開時,自己明白表示出依依不捨的樣子,並勉勵其志向,言辭中流露出希望他們回來,表達出再次相會的期盼之情。如此,對方必然感激,亦爲自己今後爲事準備一條後路。

　　所謂"卻語",即善於發覺別人言語之中的缺陷或漏洞,利用它來爲自己服務。話語多,必定多有缺陷。策士應善於發覺他人之短處。使用"卻語"之術要注意,不要暴露己方之缺陷給有見識的人,以免被對方利用。

　　所謂"攝心",即收買人心的方法。對遇到愛好技藝或道術之人,要故意稱贊其技藝與道術,使其高興,引爲知己。再用本身所知曉之道藝來驗證其所學,對他的奇特所長表示驚歎,對方就會把他的心意繫屬在你身上,供你任意驅遣了。

　　所謂"守義",即謹守仁義,探取對方内心之法。小人與一般人相比,不是用仁義而用旁門左道來迎合對方的内心,以至於導致國破家亡。只有聖人謹守仁義,故能輕而易舉刺探實情。《鬼谷子》強調"得情",但反對不擇手段,而主張謹守仁義,顯示出《鬼谷子》對道德的堅守。

　　　中經,謂振窮趨急,施之能言、厚德之人。救拘執,窮者不忘恩也。

　　【陶注】振,起也;趨,向也。物有窮急,當振趨而向護之,及其施之,必在能言之士,厚德之人。若能救彼拘執,則窮者懷德,終不忘恩也。

【校訂】趍，《道藏》本作"趂"。下注同。拘，《道藏》本作"物"。陶注"窮者懷德"之"德"字，《道藏》本、乾隆本脱。

【考說】尹桐陽曰："振，救也。'趍急'猶云'緩急'。"此言《中經》能救助陷入困境或有急難的人。只有能言善變，德行深厚的人才能施之。救人於困境之中，那些被解救的人，不會忘記你的恩德。陶說能言之士，厚德之人必能應急而救，意亦是。

能言者，儔善博惠。

【陶注】儔，類也。謂能言之士，解紛救難，不失善人之類，而能博行恩惠也。

【考說】尹桐陽曰："儔同讎，譍也。儔善者，謂其善於譍對也。"此言能言善辯之士，多行善事，廣施恩惠。此對策士之社會責任進行約束。陶說能言之士，解紛救難，廣施恩惠，甚合文意。

施德者，依道。

【陶注】言施德之人，動能循理，所爲不失道也。

【校訂】"德"字後，原衍"人"字，依《道藏》本刪。陶注"動能循理"四字，《道藏》本、乾隆本訛作"勤能修理"。

【考說】此言施行德行的人，均依於道而行。陶說意亦合旨。

而救拘執者，養使小人。

【陶注】言小人在拘執而能救養之，則小人可得而使也。

【考說】此言救處於困境中的人，目的是豢養他們，使他們供自己召喚。此小人乃平常普通之人。在中國古代，聖人、君子、小人乃三種人格標準。陶說救小人於拘執，則可得而使，合其旨。

蓋士遭世異時危，或當因免填坑，或當伐害能言，或當破

德爲雄，或當抑拘成罪，或當戚戚自善，或當敗敗自立。

【陶注】填坑，謂時有兵難，轉死溝壑，士或有所因，而能免斯禍者。伐害能言，謂小人之道長，譖人罔極，故能言之士多被殘害。破德爲雄，謂毀文德，崇兵戰；抑拘成罪，謂賢人不辜，橫被縲紲。戚戚自善，謂天下蕩蕩，無復紀綱，而賢者守死善道，貞心不渝，所謂"歲寒然後知松柏之後彫"，"風雨如晦，雞鳴不已者"也。敗敗自立，謂天未悔過，危敗相仍，君子窮而必通，終能自立，若管敬仲者也。

【校訂】遭，《道藏》本、乾隆本、《百子全書》本作"當"。危，《道藏》本、乾隆本、《百子全書》本脱。陶注"時有兵難"之"時"字，《道藏》本、乾隆本作"將"；"天未悔過"之"過"字，《道藏》本、乾隆本作"禍"。

【考説】此言士在亂世之中的六種處境：有的僅免一死，有的成爲善於加害妒忌的能言善辯之士，有的棄德而成爲一世雄主，有的被拘成爲罪人，有的明哲保身，有的在危敗的形勢中謀得自立。陶説詳細，有補於文意。

故道貴制人，不貴制於人也。制人者握權，制於人者失命。

【陶注】貴有術而制人，不貴無術而爲人所制也。

【考説】此言士立於世，當貴制人而不被他人所制。陶説策士貴有術而制人，以免被人所制，合於文意。

是以見形爲容，象體爲貌，聞聲知音，解仇鬭郄，綴去，却語，攝心，守義。

【陶注】此總其目，下別序之。

【校訂】知，《道藏》本、嘉靖鈔本、乾隆本、《百子全書》本作"和"。

【考説】此言策士處世救亡圖存之七術，分別爲見形爲容，象體爲貌，聞聲知音，解仇鬭郄，綴去，卻語，攝心，守義。陶説是。

《本經》紀事者,紀道數,其變要在《持樞》、《中經》。

【陶注】此總言《本經》、《持樞》、《中經》之義。言《本經》紀事,但紀道數而已。至於權變之要,乃在《持樞》、《中經》也。

【考説】此言《本經陰符七術》與《持樞》、《中經》三者之間的關係。《本經》爲理論闡發,《持樞》、《中經》爲用。陶説是。尹桐陽曰:"然則《本經》者,乃爲周時史官記事之書。鬼谷因取而詳解之。道數,治法也。《本經陰符七篇》,更益以《持樞》、《中經》,共爲九篇。《前漢書・藝文志》:'儒家有《周法》九篇。'班固自注:'法天地,立百官。'其斥此書言與?"尹説懷疑《本經》、《持樞》、《中經》乃《漢書・藝文志》中所載之儒家《周法》九篇,恐非是。《本經》所言則似道家養生無爲之説,與儒家思想不類。

見形爲容、象體爲貌者,謂爻爲之生也。

【陶注】見彼形,象彼體,即知其容貌者,謂用爻卦占卜而知也。

【考説】此言見形爲容術。言用爻之位、象之理,從事物的表象推究實質。形、象分別爲爻之位與象。爻,《周易》中組成卦的符號。分陽爻和陰爻。爻有爻位,亦曰爻數。以爻之位次表明事物之位置關係。亦有爻象,即陰陽兩爻所象之事物。《易・繫辭》:"六爻之動,三極之道也。"陶説意亦及此,然未明説。俞樾曰:"爻乃'交'字之誤。'交'讀曰狡,'爲'讀曰'僞'。並古通用字也。此言狡僞之主,其中無守,故可以象貌得之,若有守之人,不可象貌而得矣。陶注未達假借之旨,乃謂用卦爻占而知之,殊誤。"俞説可參。

可以影響形容象貌而得之也。

【陶注】謂彼人之無守,故可以影響形容象貌,占而得之。

【校訂】陶注"影響形容象貌",原作"影響及貌",今據《道藏》本改。

【考説】此言可以通過一個人的外在形貌而推測出他的内心世界。

陶説彼人"無守"，乃可以其相貌得之。陶説從下文"有守之人"而言，故有是論。可參。

有守之人，目不視非，耳不聽邪，言必《詩》、《書》，行不淫僻，以道爲形，以德爲容，貌莊色溫，不可象貌而得之。如是，隱情塞郄而去之。

【陶注】有守之人，動皆正直，舉無淫僻，浸昌浸盛，輝光日新，雖有辯士之舌，無從而發，故隱情、塞郄、閉藏而去之。

【校訂】"德"，《道藏》本、乾隆本、《百子全書》本訛作"聽"。陶注"浸昌浸盛"四字，《道藏》本、乾隆本、《百子全書》本作"厥後昌盛"。

【考説】此言有操守之人，養身正性，不爲外物所動，不可憑外在現象而揣其内情。如果遇到有守之人，則隱匿塞隙而去。陶説意亦及此，俞棪曰："若有守之人，非辯士所能撼，則伊尹、太公不合於湯與文王矣。此非鬼谷之意甚明。熟讀全書固知智者之説'因化説事，通達計謀'，必無窘於'有守之人'之理。陶解既因其誤，遂使後人誤以爲鬼谷之學邪僻而不軌，於正豈不冤哉！"俞説亦有理，可參。

聞聲知音者，謂聲氣不同，恩愛不接。故商、角不二合，徵、羽不相配，能爲四聲主者，其唯宮乎？

【陶注】商金、角木、徵火、羽水，遞相剋食，性氣不同，故不相配合也。宮則土也，土主四季。四者由之以生，故能爲四聲之主也。

【校訂】知，《道藏》本、乾隆本、《百子全書》本訛作"和"。恩愛，《道藏》本、乾隆本、《百子全書》本訛作"則恩受"。

【考説】此言聞聲知音術。宮、商、角、徵、羽，合稱五聲、五音。五音之間的關係，以宮調爲主。"聞聲知音"與上文"見形爲容、象體爲貌"的認識方式是一致的，皆爲透過表象看實質。陶説五音配五行，以五行之土主四季作解，非是。

故音不和則悲,是以聲散、傷、醜、害者,言必逆於耳也。

【陶注】散、傷、醜、害,不和之音,音氣不和,必與彼乖,故其言必逆於耳。

【校訂】悲,《道藏》本、嘉靖鈔本、乾隆本、《百子全書》本作"不悲"。

【考說】此言音調不和諧,聽起來則感到難受。言語說話聲音中,如果有散、傷、醜、害的,那麼說出的話必然是非常刺耳而無法讓人接受的。陶說音氣不和,對方必不聽,其言逆於耳也。於文意合。

雖有美行、盛譽,不可比目、合翼相須也。此乃氣不合、音不調者也。

【陶注】言若音氣乖彼,雖行譽美盛,非彼所好,則不可如比目之魚、合翼之鳥兩相須也。其有能令兩相交應,不與同氣者乎?

【校訂】陶注"兩相交應"之"交"字,《道藏》本、乾隆本作"求"。

【考說】此言若聲氣不和,即便品行美好,也不能相互交應。陶說意亦及此。

解仇鬭郄,謂解羸微之仇;鬭郄者,鬭強也。

【陶注】辯說之道,其猶張弓。高者抑之,下者舉之,故羸微爲仇,從而解之;強者爲郄,從而鬭之也。

【校訂】解,原作"執",據《道藏》本改。微,原作"徵",據《道藏》本改。下陶注同。

【考說】羸微,指弱小者。仇,同伴。解仇鬭郄,即團結弱者,抵抗強者。此節言解仇鬭郄之術,分析其理論依據。陶說辯說之道,替弱者解仇,替強者鬭郄。合於文意。

強郄既鬭,稱勝者,高其功,盛其勢也;

【陶注】鬭而勝者,從而高其功,盛其勢也。

【考説】強者一旦贏對方，則高其功，盛其勢，彰其功也。陶説是。

弱者哀其負，傷其卑，汙其名，恥其宗。
【陶注】鬭而弱者，從而哀其負劣，傷其卑小，汙下其名，恥辱其宗也。
【校訂】汙，《道藏》本、《百子全書》本訛作"行"。
【考説】此言弱者若敗，則爲其失敗感到悲哀，爲其衰落感到傷心，侮辱他的名聲，羞辱他的祖宗，通過這種方式來刺激弱者奮起。陶説是。

故勝者聞其功勢，苟進而不知退；弱者聞哀其負，見其傷，則強大力倍，死而是也。
【陶注】知進而不知退，必有亢龍之悔。弱者聞我哀傷，則勉強其力，倍意致死，爲我爲是也。
【校訂】"故勝者聞其功勢"之"聞"字，《道藏》本、嘉靖鈔本、乾隆本、《百子全書》本作"鬭"。"死而是也"之"而"，原作"者"，據《道藏》本改。
【考説】此言勝者知悉己之功勞與威勢，一味地進攻而不知退；弱者知悉己方失敗，受到損傷，反而會強大實力，倍增力量，拚死抵抗，則勝敗難言矣。陶説勝者或有亢龍之悔，弱者或有勉強其力，勝敗之間，或有轉化，甚合鬼谷之意。

郄無強大，禦無強大，則皆可脅而并。
【陶注】言雖爲郄，非能強大，其於扞禦，亦非強大。如是者，則以兵威脅，令從己，而并其國也。
【校訂】"郄無強大"之"強"，《道藏》本、乾隆本、《百子全書》本作"極"。
【考説】此言敵方勢力威力無比強大，那麽我方之防禦也會無比強大，皆可吞併之。陶説"無"爲非，"無強大"解爲非強大，似於文意不合。

綴去者，謂綴己之繫言，使有餘思也。

【陶注】繫，屬也，謂已令去，而欲綴其所屬之言，令後思而同也。

【考説】尹桐陽曰："'綴'同'輟'，車小缺復合者；去，驅也。綴去者，謂事已綴而復驅之使行也。車小缺則有已義，因云謂綴已之。《爾雅·釋詁》：'綴，已也。'是其證。"此言綴去之術。綴去，系連去者。綴去之術旨在稱贊將離開之人，使之心裏時刻不忘自己。陶説已令去，令後思，合於文意。

故接貞信者，稱其行，屬其志，言可爲可復，會之期喜。

【陶注】欲令去後有思，故接貞信之人，則稱其行之盛美，屬其志令不息，謂此美行必可常爲，必可報復，會通其人，必令至於喜悦也。

【校訂】"言可爲"之"可"字，疑衍。

【考説】此言欲交接誠信者，必先稱贊其言行，勉勵其志向，言辭中流露出希望他們回來，表達出再次相會喜悦之情。陶説欲接貞信之人，務必稱其行之盛美，屬其志令不息，然後會之期待可喜。合於文意。

以他人庶，引驗以結往，明款款而去之。

【陶注】言既稱行屬志，令其喜悦，然後以他人庶幾於此行者，引之以爲成，驗以結已往之心，又明己款款至誠如是而去之，必思己而不忘也。

【校訂】款款，《道藏》本、乾隆本、《百子全書》本訛作"疑疑"。陶注"必思己而不忘也"，《道藏》本多字殘缺。

【考説】此言以他人之庶幾於此者引而驗之，表示希望對方能够明白自己，即使走了以後，心還留在這裏。陶説結已往之心，即便去之，亦必思己而不忘也。甚得文意。高金體曰："會通其辭，必令至於喜悦，又以他人之庶幾於此者引而驗之，以結往日之誠，而明前言之疑。"高説意亦有理,可參。

卻語者,察伺短也。

【陶注】言卻語之道,必察伺彼短也。

【考説】此言卻語之術。卻語即有缺陷之語。卻語之術,是善於發覺別人言語的缺陷或漏洞,利用它來爲自己服務。陶説是。

故言多必有數短之處,識其短,驗之。

【陶注】言多不能無短,既察其短,必記識之,取驗以明也。

【校訂】言,《道藏》本、乾隆本、《百子全書》本脱。陶注"取驗以明",《道藏》本、乾隆本作以"取驗之相"。

【考説】此意言多必失,故要識他人言之失,而加以取驗、利用。陶説"驗以明",甚是。

動以忌諱,示以時禁。

【陶注】既驗其短,則以忌諱動之,時禁示之。

【考説】此言以犯忌諱觸動他,以當時禁令明示於他,刺激其反應。陶説是。

其人恐畏,然後結信,以安其心,收語蓋藏而卻之。

【陶注】其人既以懷懼,必有求服之情,然後結以誠信,以安其懼,以收其向語,蓋藏而卻之,則其人之恩感,固以深矣。

【校訂】其人恐畏,《道藏》本、乾隆本、《百子全書》本脱。"然後結信"之"信"字,《道藏》本、乾隆本、《百子全書》本脱。陶注"以收其向語"之"以收其"三字,《道藏》本、乾隆本訛脱作"心"。"蓋藏而卻之"之"藏"字,《道藏》本、乾隆本作"利"。

【考説】此言先攝以畏懼,後收以誠信以安其懼,示恩威於對方。陶説其人懼而求我，我結以誠信以安之，其人必感恩深矣。合於文意。

無見己之所不能於多方之人。

【陶注】既藏向語，又戒之曰：勿於多方人前，見其所不能也。

【考說】此言不要把自己不能做的顯露給有見識的人。陶說戒人勿多言，亦有理，可參。

攝心者，謂逢好學技術者，則爲之稱遠。

【陶注】欲將攝取彼心，見其好學技術，則爲作聲譽，令遠近知之也。

【考說】此言攝心之術。攝心之術即收買贏得人心之術。遇到愛好技藝或道術之人，稱贊其技藝與道術，使他們的名聲遠播，則其人爲我所用。陶說是。

方驗之道，驚以奇怪，人繋其心於己。

【陶注】既爲作聲譽，方且以道德驗其技術，又以奇怪從而驚動之。如此，則彼人必繋其心於己也。

【校訂】道，《道藏》本、乾隆本、《百子全書》本脱。陶注"彼人必繋其心於己也"一句，《道藏》本、乾隆本作"彼人心繋於己"。

【考說】此言用本身所知曉的道藝來驗證他的所學，對他的奇特所長表示驚歎，他就會把他的心意繋屬在你身上。陶說以道德驗其技術，則人心必繋於己也。合於文意。尹桐陽曰："方，有也。驗，信也。方驗之者，謂稱遠而人多信之人，感德而繋其心於己，則心攝。"亦合於文意。

效之於人，驗去，亂其前，吾歸誠於己。

【陶注】人既繋心於己，又效之于時人，驗之於往賢，然後更理其目前所爲，謂之曰：吾所以然者，歸誠於彼人之己。如此，則賢人之心可得，而攝亂者,理也。

【校訂】人,《道藏》本、乾隆本、《百子全書》本訛作"驗"。

【考説】此言將其特長放在他人面前驗證,並用其過去獲得的成功作爲案例,顯示在衆人面前,他就會更加誠心地歸屬於你。陶説此得賢人之術。欲賢人歸己,吾將其所作所爲與時賢,往賢相比。然後評其所爲,則賢人之心可得也。可參。

遭淫酒色者,爲之術音樂動之,以爲必死、生日少之憂。

【陶注】言將欲探愚人之心,見淫酒色者,爲之術音樂之可説,又以過於酒色,必之死地,生日減少,以此可憂之事,以感動之也。

【校訂】陶注"將欲探愚人之心"之"探"字,《道藏》本、乾隆本作"攝"。下同。

【考説】言貪戀酒色者,用攝心之術的做法,以音樂打動他,讓他以爲這樣做,必死,使其因憂愁而醒悟。陶説以過於酒色,必之死地,使之感動也,於義相合。

喜以自所不見之事,終可以觀漫瀾之命,使有後會。

【陶注】又以音樂之事,彼所不見者,以喜悦之言,終以可觀,何必淫於酒色?若能好此,則性命漫瀾而無極,然後終會於永年。愚人非可以道勝説,故惟音樂可以探其心。

【考説】此言再用對方看不見的事情來讓他高興,讓他最終感受到生活中燦爛的生命價值,然後有所體悟。陶説以性命漫瀾而無極,何必淫於酒色以致不得永年,甚得文意。

守義者,謂守以人義,探其在内以合也。

【陶注】義,宜也。探其心,隨人所宜,遂所欲以合之也。

【校訂】守以人義,原作"以人"二字,據《道藏》本、嘉靖鈔本改。藍格本作"守以仁義"。"探其在內以合"之"其",《道藏》本、嘉靖鈔本、乾隆本、《百子全書》本作"心"。

【考説】此言守義之術。守義者,謂謹守仁義,以符合社會合宜之行爲,探取對方內心,再迎合他。陶釋"義"爲宜,守以人義,即隨人所宜而合之。亦通。可參。

探心,深得其主也。從外制內,事有繫曲而隨之。

【陶注】既探知其心,所以得主深也。得心既深,故能從外制內,內由我制,則何事不行。故事有所屬,莫不由曲而隨己也。

【校訂】曲,《道藏》本、嘉靖鈔本、乾隆本、《百子全書》本訛作"由"。陶注"由曲而隨己"五字,《道藏》本、乾隆本脫訛作"由隨之"。

【考説】此言探其心,得其內心深處真實意圖。然後可從外事控制其內心,讓其因有事繫於我,而委曲從於我也。陶說從外制內,內由我制,則何事不行,甚合文意。

故小人比人,則左道而用之,至能敗家奪國。

【陶注】小人以探心之術來比於君子,必以左道用權。凡事非公正,皆曰小人反道亂常,害賢伐善,所用者左,所違者公,百度昏亡,萬機曠紊,家敗國奪,不亦宜乎!

【校訂】陶注"百度昏亡"之"度",《道藏》本、乾隆本作"慶"。

【考説】此言小人與常人相比,不是用仁義而是用旁門左道來迎合對方內心,以至於導致國破家亡。陶說所用者左,所違者公,必致家敗國奪,合於文意。

非賢智,不能守家以義,不能守國以道。聖人所貴道微妙者,誠以其可以轉危爲安、救亡使存也。

【陶注】道,謂中經之道也。

【校訂】此句注語脱，依《道藏》本、嘉靖鈔本、藍格本、乾隆本補。

【考説】此言非賢能智慧之人，不能用義來守家，不能用道來治國。聖人之所以尊重微妙的道義，乃因爲道義確實能够使家庭和國家轉危爲安，救亡圖存。陶説"道"爲"中經之道"，亦通。

附　録

鬼谷子佚文

《鬼谷子》曰："田成子殺齊君，十二代而有齊國。"（《史記·田敬仲完世家》司馬貞《索隱》）

《史記·太史公自序》云："故曰：'聖人不朽，時變是守。'"《索隱》："此出《鬼谷子》，遷引之以成其章，故稱'故曰'也。"

《鬼谷子》曰："人之不善而能矯之者，難矣。説之不行，言之不從者，其辯之不明也；既明而不行者，持之不固也；既固而不行者，未中其心之所善也。辯之，明之，持之，固之，又中其人之所善，其言神而珍，白而分，能入於人之心，如此而説不行者，天下未嘗聞也。"（《説苑·善説》）

《鬼谷子》曰："人動我静，人言我聽。能固能去，在我而問。知性則寡累，知命則不憂。憂累去則心平，心平而仁義著矣。"（《意林》卷二）

《鬼谷子》曰："以德養民，猶草木之得時；以仁化人，猶天生草木以雨潤澤之。"（《意林》卷二）

《鬼谷子》曰："事聖君，有聽從，無諫諍。事中君，有諫諍，無諂諛。事暴君，有補削，無矯拂。"（《太平御覽》卷六百

二十)

《鬼谷子》曰:"君得名則群臣恃之,君失名則群臣欺之。"(《太平御覽》卷六百二十)

《鬼谷子》曰:"無反無側,不放不忘。"(《淵鑑類函》卷一百二十五)

太平御覽引鬼谷子異文及注文

《鬼谷子·抵巇》:"巇者始有朕,可抵而塞,可抵而卻。聖人知之,獨保其用,因作說事。"(《太平御覽》卷四百六十二)

《量權》:"與智者言,依於博;與博者言,依於辯;與辯者言,依於要。此其說也。"(《太平御覽》卷四百六十二)

《午合》:"伊尹五就桀,五就湯,然後合於湯;呂尚三入殷朝,三就文王,然後合於文王。此天知之,至歸之不疑。"注云:"伊尹、呂尚各以至知說聖王,因澤釣行其術策。"(《太平御覽》卷四百六十二)

《摩意》:"摩者揣之也,說莫難於悉行,事莫難於必成。"注曰:"摩不失其情,故能建功。"(《太平御覽》卷四百六十二)

《量權》:"言有通者,從其所長;言有塞者,避其所短。"注曰:"人辭說,條通理達,即叙述從其長者,以昭其德。人言壅滯,即避其短,稱宣其善以顯其行。言說之樞機,事物之志務者也。"(《太平御覽》卷四百六十二)

《反覆》:"其和也,若比目魚;其司言也,若聲與響。"注曰:"和,答問也。因問而言,申叙其解,如比目魚,相須而行。候察言辭,往來若影隨形,響之應聲。"(《太平御覽》卷

四百六十二)

《量權》:"介蟲之捍,必以甲而後動;螫蟲之動,必先螫毒。故禽獸知其所長,而談者不知用也。"注云:"蟲以甲自覆鄣,而言說者不知其長。"(《太平御覽》卷四百六十二)

《揣情》:"說王公君長,則審情以說王公,避所短,從所長。"(《太平御覽》卷四百六十二)

《謀慮》:"乃立三儀:曰上、中、下。曰:參以立焉,變生事,事生謀,謀生計,計生儀,儀生說,說生進。"注曰:"三儀:有上有下有中。會同異曰儀;決是非曰說。"(《太平御覽》卷四百六十二)

《鬼谷子》曰:"夫決情定疑,萬事之基。以正亂治天決,誠爲難者也。先生乃用蓍龜以助自決也。"(《太平御覽》卷四百六十二)

周廣業鬼谷子跋

綠飲鮑君購得《鬼谷子注》鈔本,屬余是正。注甚明白簡當,自非五季宋人可及。乃其卷首題曰"東晉貞白先生丹陽陶弘景注",則非也。陶係梁人,大同初賜諡貞白。東晉之誤,無待深辨。案《鬼谷》錄自《隋志》,有皇甫謐、樂壹注各三卷。新、舊《唐志》無皇甫而增尹知章注三卷,不聞陶也。陶注始見於晁氏《讀書志》,潛溪《諸子辨》繼之,卷如樂、尹而亡《轉丸》、《胠篋》二篇,是本篇卷適與相符,當即宋氏所見者。其書不類古本,如以《捭闔》、《反應》、《內揵》、《抵巇》列上,《飛箝》、《忤合》、《揣》、《摩》、《權》、《謀》、《決事》、《符言》並亡篇列中,《本經陰符七術》及《持樞》、《中經》列下,與近刻無異。凡文之軼見於《史記》、《意林》、《太平御覽》諸書者，此皆無之。其篇名舊有作《反覆》、《抵巇》、《飛鉗涅闇》、《午合》、《揣情》、《摩意》、《量權》、《謀慮》者，今亦不然。至《盛神》、《養志》諸篇，正柳子厚所譏"晚乃益出七術，怪謬不可考校"之言。梁世寧遽於有此？縱有之，隱居抗志華陽，安用險詭之談？《梁史》及《邵陵王碑銘》亦絕不言其注《鬼谷》，而僞托焉，可乎！《困學紀聞》載尹知章序《鬼谷子》，有云："蘇秦、張儀事之，受《捭闔》之術十三章，復受《轉丸》、《胠篋》三章。"晁氏則但言《序》謂此書即受秦、儀者。雖詳略不同，可證其皆爲尹《序》。《序》出於尹，安見《注》不出尹？觀其注文，往往避唐諱，如以民爲人、世爲代、治爲理，緜紲作緜絏之類，而筆法又絕似《管子注》，是爲尹注無疑。尹生中宗、睿宗之世，卒於開元六年，故於"隆基"字不復避也。其注亡篇云："或有取莊周《胠篋》充次第者，以非此書之意，不取。"注《持樞》云："恨太簡促，或簡篇脫爛，本不能全故也。"蓋自底柱漂没之後，五部殘缺，不能復睹文德舊本，故注家以爲憾事。若果係陶注，則同時劉勰作《文心雕龍》，明言"《轉丸》騁其巧辭，《飛箝》伏其精術"矣。此豈不見原文者，可遽云《轉丸》已亡乎？庾仲容亦梁人，其所鈔《子》今在《意林》，"人動我靜"及"以德養民"二條，顯有完書可據。何是本獨以脫爛爲恨？此亦是尹非陶之明徵矣。乃其譌尹爲陶，莫解其由。以意揣之，尹注在《舊史》雖云"頗行於時"，而《新志》却自注云"尹知章不著錄"。意其本在宋初，原無標識，而《持樞》篇注中嘗一稱"元亮曰"。元亮係晉陶淵明字，或錯認陶淵明爲陶通明，遂妄立主名，而讀者不察，致成久假耳。抑或諂道之徒，既詭鬼谷子爲王詡，強名爲元微子，復以貞白寓情仙術，矯托以注，未可知也。然是注世已罕傳，大可寶貴。似宜改題曰"唐國子博士尹知章注"，與趙蕤《長短經》合梓以行，其裨益人神智正不少也。乾隆辛丑閏五月七日海寧周廣業書。

盧文弨鬼谷子跋

《鬼谷子》，小人之書也。凡其《捭闔》、《鈎箝》之術，只可施於闇君耳！其意欲探厥意指之所向，從而巧變其說以要結之，使得親悅於我，膠固而不可離，千古奸邪之愚弄其主者，莫不如是。彼豈待教之而後知、學之而後能哉？其用術一一與此書闇合，未必皆見此書也。來鵠有云："捭闔、飛箝，實今之常態。不讀《鬼谷子》書者，皆得自然符契也。"茲言信矣！及觀其施於常人，亦必在於昏邪庸怯之輩。其言曰："有守之人，目不視非，耳不聽邪，言必《詩》、《書》，行不淫僻，以道爲形，以德爲容，貌莊色溫，不可象貌而得也。如是隱情塞郤而去之。"觀此言，是其術，遇正人而窮也。又其《抵巇》篇云："世無可抵，則深隱而待時。"此非遇明君治世，所挾之術皆無所可用乎！或問曰："如此，則是書何以不毀？"曰：凡夫奸邪之情狀，畢見於斯。爲人主者，不可不反覆留意焉！庶幾遇若人也，洞見其肺肝然。彼欲以其術嘗我，而我得以逆折之，是助上知人之明也，何可毀也！吾甚惜其方寸之間，神明之舍，惟詭譎變詐之是務，而終不免於窮，亦何苦而爲此？且其術亦有至淺至陋而斷不能轉移人者，如遭淫酒色者，爲之術，音樂之可悅，謂足以移其所好。夫聞正樂則唯恐臥，必將以靡靡之樂庶或動之。靡靡之樂，適足以助其情欲耳，其術不更疏乎！是書，余年家子江都秦太史敦夫曾依《道藏》本繡梓，爲校一過。今年甲寅，始見錢遵王手鈔本，乃知《藏》本之譌脫不可勝計，《内揵》篇内至脫去正文、注文四百十有二字。余亟借以補正之。噫！若使無此本，不即以《藏》本爲善本哉！校既竟，因爲書其後。東里盧文弨跋。

阮元鬼谷子跋

陶弘景注《鬼谷子》，爲《道藏》舊本。吾鄉秦編修敦夫，博覽嗜古，精於校讎，因刺取諸書，考訂譌謬，梓行之，其略見自序中。元讀《鬼谷子》，中多韻語，又其《抵巇》篇曰："巇者，罅也"。讀巇如呼，合古聲訓字之義，非後人所能依托。其篇名有《飛箝》，按《周禮·春官·典同》"微聲韽"，後鄭讀爲"飛鉆涅韽"之"韽"。箝、鉆同字。賈疏即引《鬼谷子》證之。又《揣》、《摩》二篇，似仿《蘇秦傳》"簡練以爲揣摩"之語爲之。然《史記·虞卿傳》稱《虞氏春秋》亦有《揣摩》篇，則亦游説者之通語也。竊謂書苟爲《隋》、《唐志》所著錄而今僅存者，無不當精校傳世，況是編爲從橫家獨存之子書，陶氏注又世所久佚，誠罔羅古籍者所樂睹也。乾隆戊申冬月儀徵阮元跋尾。

乾隆五十四年秦恩復序

《鬼谷子》，陶弘景注，三卷。陽湖孫淵如同年讀《道藏》於華陰岳廟時所錄本也。乾隆丁未，恩復與淵如校書於文源閣，暇日出以相示，計欲付梓，旋以乞假歸里，不果。戊申冬，來京師，因取而校之。按：鬼谷子，不知何人。《道藏目錄》云："姓王名誗，晉平公時人。"《史記》云："蘇秦師事鬼谷先生。"《拾遺記》則以"鬼谷"爲"歸谷"。蓋歸、鬼聲轉。《爾雅》曰："鬼之言歸也。"其謂蘇秦托名鬼谷者，以《史記·蘇秦列傳》有"簡練以爲揣摩，期年，揣摩成"之語，而《鬼谷子》適有《揣》、《摩》二篇，遂附會其説，實無所據。或云，周時有豪士，隱於鬼谷者，近是。

書凡三卷，自《捭闔》至《符言》十二篇，《轉丸》、《胠篋》二篇舊亡。又有《本經陰符七術》及《持樞》、《中經》共二十一篇。考《説苑》、《史記注》、《文選注》、《太平御覽》、《意林》諸書所引，頗有數條爲今書所不載，或文與今本差異，則知書之脱佚不僅《轉丸》、《胠篋》二篇也。

是書不見《漢志》，至《隋》、《唐》始著録。《隋書》作三卷，《舊唐書》、《新唐書》皆作二卷，又作三卷，直題曰"蘇秦撰"。《史記索隱》引樂壹注云："蘇秦欲神秘其道，故假名鬼谷。"然《漢書》"從橫家"有《蘇子》三十二篇，使假名鬼谷，何以班固略而不注也。柳子厚嘗譏其險盭峭薄，妄言亂世。今觀其書，詞峭義奥，反覆變幻，蘇秦得其緒餘，即掉舌爲從約長，真從橫家之祖也。

注《鬼谷》者，舊有樂壹、皇甫謐、陶弘景、尹知章四家。陶注至《中興書目》始見。樂注，《文選注》中一引之。《太平御覽·游説部》所引注，皆與陶注不同，意亦樂氏注也。今藏本不著注者名氏，淵如據注中有"元亮曰"云云——元亮爲陶潛字，弘景引其言，故去姓稱字，斷爲陶注。

恩復按：《中興書目》、晁公武《讀書志》、陳振孫《書録解題》、錢遵王《讀書敏求記》皆稱陶弘景注，則知陶注自宋迄今猶存。《鬼谷子》，世多有其書，而陶注不傳，向非《道藏》所存,則亦終湮失矣！恩復因刺取唐宋書注所引,校正文字一二,舊注亦掇而存之,附於本文之下,其或他書所引本文,今本不載,及稱鬼谷事迹足相考證者,並附錄於後,以備觀覽焉。乾隆五十四年八月朔日書。

嚴元照鬼谷子跋

壬子之歲,予於虎丘萃古齋錢氏得此舊鈔本,聞有新刻本,未之見也。今春寄示盧抱經學士,為校一過,云新刻注中脫十餘字,得此補之。孟秋之月,過知不足齋,向以文先生假得舊鈔本,字甚老草,據以文云是錢遵王述古堂本。予亦未之信。歸而以三本對校,新刻本脫落錯誤極多。上卷《內揵》篇白文注文共脫四百十有二字（勞校云:實四百五十一字,當改正),而此本亦同,其餘更不必言。不有錢氏本,則無以見其真矣！大抵此本少愈於刻本而大段皆同。予既取刻本,校閱一過,復以餘力校此本,正譌補闕,不一而足,庶可讀矣。嗚呼！書籍佳否,故不可以鈔手精粗論。若不以兩本對校,則幾乎不棄彼而留此。又重歎夫刊刻古書者之不可輕率,當博訪善本以資參考也。乾隆五十有九年秋八月望前一日芳椒堂主人嚴元照校罷識。（《鬼谷子》,臺灣廣文書局一九七五年版）

又跋:予既得善本,校此一過,亦殊漏略。季秋之月,抱經學士過予芳椒堂,取去校閱一過,又指出數處,良足是正。吁！予年二十二耳,而心且粗率如此,視抱經先生真不啻霄壤之別矣！孟夏廿三日元照又識。（《鬼谷子》,臺灣廣文書局一九七五年版）

徐鯤鬼谷子跋

甲寅夏，鮑君以文出所藏《鬼谷子》注鈔屬余，與坊刻對勘，坊刻出《道藏》，其譌脫至多，不可枚舉。鮑君所藏爲錢遵王舊物，乃據宋本傳錄者，如卷首所題"東晉貞白先生丹陽陶弘景注"一行，係沿南宋《中興書目》之誤。似即當時館閣著錄之本。余既硃朱細勘，復手錄清本一通，且屬吾友錢君廣伯證定之，因綴數語於簡末。嘉慶元年臘月蕭山徐鯤識。（《鬼谷子》，臺灣廣文書局一九七五年版）

勞權鬼谷子跋

此先友歸安嚴修能手校，復經盧學士暨徐北溟先生重校。北溟補校，甚爲精彩，學士所校，尚有遺漏。惜江都秦氏於嘉慶乙丑重梓此書，但據學士校本耳。秦氏初用《藏》本校刊，在乾隆己酉，即嚴跋所云新刻本也。咸豐丁巳六月校秦本一過，並識數語。丹鉛生仁和勞權記。（《鬼谷子》，臺灣廣文書局一九七五年版）

繆荃孫鬼谷子跋

《鬼谷子》，世以嘉慶乙丑石研齋刻本爲最佳。秦本出於盧抱經，所據鮑綠飲藏述古堂本。秦氏又自輯古今論《鬼谷子》者，爲附錄。較乾隆己酉刻《道藏》本高出不啻倍蓰。壬子二月，傅君沅叔以明鈔藍格本見示，正文頂格，注文低一格，原出《道藏》，末有"嘉靖乙丑三月九日校畢"一行，又有小字。此本原係蘇州文氏所藏。乾隆甲寅，嚴九能以錢述古堂本校過，又經抱經先生覆校，九能有跋。明年徐北溟再校。咸豐丁巳藏勞平甫所，亦跋之。可謂善本矣。徐北溟於嘉慶元年手寫一本，今在況夔生處。曾錄其跋，亦按次寫入。此書之注，錢氏本次行則云"東晉貞白先生丹陽陶弘景注"。弘景梁人，非東晉，其誤不足辨。注中多避唐諱，如以民爲人、世爲代、治爲理、縲泄作縲紲之類。昔人又以爲尹知章注。因爲其唐人也。然尹注《管子》，今具存。此書《符言篇》與《管子·九守》篇大略相同，因以彼校此，譌脱甚多。注皆望文生義，果出尹知章手，豈有自注《管子》而略不省勘乎！然則今本題陶注固難信，而非尹注則無疑義。異同以朱筆志於眉間，佳字尚不少也。清明後三日繆荃孫校訖因識。(《鬼谷子》，臺灣廣文書局一九七五年版)

陳乃乾鬼谷子校記

明鈔《鬼谷子》，蘇州文氏舊藏。乾隆甲寅嚴九能以述古堂鈔本校過，又經盧召弓覆校。明年，徐北溟再校。咸豐丁巳，勞平甫又校。今歸江安傅氏。繆小珊嘗借校於秦刻本上，佳處甚多。古書流通處既景印秦本，因錄其異同爲《校記》，付之，俾附印於後。壬戌五月陳乃乾。

卷　上

(注)聖人(下有"之")在天地間；　　(注)故爲衆生(下有"之")先(下有"也")；　　(注)能謂才(勞改"材")能；　　夫賢不

肖智愚勇怯仁義(繆曰:"仁義"二字疑衍,與"賢不肖知愚勇怯"不同,注亦未及)有差;　　(注)股肱各(咸)盡其力;　　(注)以原其同異(下有"也");　　(注)更求其反(及)也;　　富貴尊榮顯名(繆曰:兩節皆四字句,"名"下脫二字。如以"榮顯名譽"爲句,則"富貴尊"三字不可解);　　由此言之(無"之");　　苞(包)以德也;　　(注)君臣所以能相求者(事);　　常持其網(下有"而")驅之;　　(注)報猶(由,古通)合也;　　別雄雌(雌雄,注同);　　如舌之取燔(蟠,注同)骨;　　圓以道(勞改"導")之;　　(注)謂臣向(勞改"嚮")晦;　　(注)即以才(方)職任之;　　是謂忘(亡)情失道;　　(注)謂以友道結連於君(勞補"若")王者之臣;　　(注)故(則)能固志於君;　　(注)待之以決其(無"其")事;　　(注)則出入自由揵開任意也(句上有"用其情"三字);　　(注)然後損益時事議論去就也(無"也");　　(注)乃(有"可以"二字)立功建德也;　　(注)入貢賦(賦貢)之業;　　(注)如此(下有"則")天下無邦;　　(注)故曰揵而反之(下有"也");　　(注)如員(圓)環之轉;　　(注)可謂全身(下有"之")大儀;　　(注)因而除(勞改"賒")之;　　上(勞改"土")無明主;　　則爲之謀(下有"此道"二字)。

卷　中

立勢而(無"而")制事;　　引(別)鉤箝之辭;　　(注)人或(勞補"知")過而從之;　　或稱財貨琦瑋(瑋)珠玉璧帛采色以事之;　　(注)謂人能(勞改"既")從化;　　材能知(勞改"智")睿;　　(注)夫人之性(勞改"情");　　此所以謂測深探(揣)情;　　故計國事者(無"者");　　此謀之大(繆曰:"大"因

注而衍)本也； （注)故能成事而(勞改"亦")無患也； （注)彼應(符)自著； 如操鉤(勞改"釣")而臨深淵； 不費而民不知所以服(句上勞補"國")； （注)皆有所難能(句上勞補"三者"二字)； （注)如受(勞改運)石(下有"而")投水； （注)夫謀成(事)必先考合於術數； （注)自然(勞補"易言"二字)利辭； 所以關(開)閉情意也； （注)其不精(勞補"不")利； 其偏害(繆改"成")者也； （注)今按全書無此文(乃乾按：孫詒讓曰："按：高承《事物紀原九》引樂壹注《鬼谷子》曰：'肅慎還，周公恐其迷路，造指南車送之。'則此爲樂注文。今本是陶注，故無此文也。")； （注)後(情)必相疏； 其數行(一)也； （注)須別(制)事以爲法； 是(下有"謂")因事而裁之； （注)少則可以(無"可以"二字)得衆； （注)愚(不智)者猜忌； （注)惟(無惟)智者可矣； （注)智(勞補"者")獨能用之； （注)教所憎相千里(下有"馬")也； （注)誘於仁壽(勞改"義")之域也； （注)既不更(勞改"受")其決； （注)沛然(勞補"而")莫之能禦； 德之術曰：勿堅而拒之(《管子・九守》作："聽之術曰：勿望而距，勿望而許。")； （注)因求而與(勞改"應")； 開閉不善不見原也(乃乾按："開"當作"關"，"善"上脱"開"字)； （注)乃(勞改"方")以聖人爲大盜之資； （注)或曰轉丸胠篋(勞補"二章"二字)。

卷　下

盛神(下有"者")中有五氣； （注)無爲而自然者(無者)也； 出於(與)物化； （注)是四者能不衰(勞補"減")； （注)此明縱欲者不能養氣(無"氣")志； 必先知其養氣(無

"氣"）志；　　　（注)此明(謂)喪神始於志不養也；　　（注)則(下有"事")多違錯；　　（注)我有其威(勞改"盛")；　　待人意慮之交會(下有"者")；　　（注)精虛(勞改"靈")動物謂之威；無間則不(下有"行")散勢者；　　（注)乃後(勞改"復")轉圓而從其方；　　（注)使風濤潛駭(句上有"終"字)；　　（注)用其心服(章鈺曰:服乃眼之誤)；　　（注)強者(勞改"大")爲鄰；　　以他人(下有"之")庶；　　（注)如是而去之(下有"人")；　　（注)則(即)以忌諱動之；　　（注)然後更理其目(勞改"日")前；　　終可以(勞改"以可")觀。

（俞棪《鬼谷子新注·附錄》，民國二十年（1931）上海商務印書館排印本）

鬼谷子全文

捭闔第一

粵若稽古，聖人之在天地間也，爲衆生之先。觀陰陽之開闔以名命物，知存亡之門戶，籌策萬類之終始，達人心之理，見變化之朕焉，而守司其門戶。故聖人之在天下也，自古及今，其道一也。變化無窮，各有所歸。或陰或陽，或柔或剛；或開或閉，或弛或張。是故聖人一守司其門戶，審察其所先後，度權量能，校其技巧短長。

夫賢不肖、智愚、勇怯有差，乃可捭，乃可闔；乃可進，乃可退；乃可賤，乃可貴。無爲以牧之。審定有無與其實虛，隨其嗜欲以見其志意。微排其所言而捭反之，以求其實，貴得其指；闔而捭之，以求其利。或開而示之，或闔而閉之。開而示之者，同其情也；闔而閉之者，異其誠也。可與不可，審明其計謀，以原其同異。離合有守，先從其志。即欲捭之貴周，即欲闔之貴密。周密之貴微，而與道相追。

捭之者，料其情也；闔之者，結其誠也。皆見其權衡輕重，乃爲之度數，聖人因而爲之慮。其不中權衡度數，聖人因而自爲之慮。故捭者，或捭而出之，或捭而內之。闔者，或闔而取之，或闔而去之。捭闔者，天地之道。捭闔者，以變動陰陽，四時開閉以化萬物，縱橫反出，反覆反忤，必由此矣。

捭闔者，道之大化，說之變也，必豫審其變化，吉凶大命繫焉。口者，心之門戶也；心者，神之主也。志意、喜欲、思慮、智謀，此皆由門戶出入。故關之以捭闔，制之以出入。

捭之者，開也，言也，陽也；闔之者，閉也，默也，陰也。陰陽其和，終始其義。故言長生、安樂、富貴、尊榮、顯名、愛好、財利、得意、喜欲，爲"陽"，曰始。故言死亡、憂患、貧賤、苦辱、棄損、亡利、失意、有害、刑戮、誅罰，爲"陰"，曰終。諸言法陽之類者，皆曰始，言善以始其事。諸言法陰之類者，皆曰終，言惡以終其謀。

捭闔之道，以陰陽試之。故與陽言者，依崇高；與陰言者，依卑小。以下求小，以高求大。由此言之，無所不出，無所不入，無所不可。可以說人，可以說家，可以說國，可以說天下。爲小無內，爲大無外。益損、去就、倍反，皆以陰陽御其事。陽動而行，陰止而藏，陽動而出，陰隱而入。陽還終陰，陰極反陽。以陽動者，德相生也；以陰靜者，形相成也。以陽求陰，苞以德也；以陰結陽，施以力也。陰陽相求，由捭闔也。此天地陰陽之道，而說人之法也。爲萬事之先，是謂圓方之門戶。

反應第二

　　古之大化者，乃與無形俱生。反以觀往，覆以驗來；反以知古，覆以知今；反以知彼，覆以知己。動靜虛實之理，不合於今，反古而求之。事有反而得覆者，聖人之意也，不可不察。

　　人言者，動也；己默者，靜也。因其言，聽其辭。言有不合者，反而求之，其應必出。言有象，事有比，其有象比，以觀其次。象者象其事，比者比其辭也，以無形求有聲。其釣語合事，得人實也。其猶張罝網而取獸也。多張其會而司之，道合其事，彼自出之，此釣人之網也。常持其網驅之，其不言無比，乃爲之變。以象動之，以報其心，見其情，隨而牧之。己反往，彼覆來，言有象比，因而定基。重之襲之，反之覆之，萬事不失其辭。聖人所誘愚智，事皆不疑。故善反聽者，乃變鬼神以得其情。其變當也，而牧之審也。牧之不審，得情不明，得情不明，定基不審。

　　變象比，必有反辭，以還聽之。欲聞其聲反默，欲張反斂，欲高反下，欲取反與。欲開情者，象而比之，以牧其辭。同聲相呼，實理同歸。或因此，或因彼，或以事上，或以牧下。此聽真偽，知同異，得其情詐也。動作言默，與此出入，喜怒由此以見其式。皆以先定爲之法則。以反求覆，觀其所托，故用此者。己欲平靜以聽其辭，察其事，論萬物，別雄雌。雖非其事，見微知類。若探人而居其內，量其能射其意，符應不失，如螣蛇之所指，若羿之引矢。

　　故知之始己，自知而後知人也。其相知也，若比目之魚；其見形也，若光之與影。其察言也不失，若磁石之取針，如舌之取燔骨。其與人也微，其見情也疾，如陰與陽，如圓與方。未見形，圓以道之；既見形，方以事之。進退左右，以是司之，己不先定，牧人不正。事用不巧，是謂忘情失道。己審先定以牧人，策而無形容，莫見其門，是謂天神。

內揵第三

君臣上下之事，有遠而親，近而疏，就之不用，去之反求。日進前而不御，遙聞聲而相思。事皆有內揵，素結本始。或結以道德，或結以黨友，或結以財貨，或結以采色。用其意，欲入則入，欲出則出；欲親則親，欲疏則疏；欲就則就，欲去則去；欲求則求，欲思則思。若蚨母之從其子也，出無間，入無朕，獨往獨來，莫之能止。

內者，進說辭也；揵者，揵所謀也。欲說者，務隱度；計事者，務循順。陰慮可否，明言得失，以御其志。方來應時，以合其謀。詳思來揵，往應時當也。夫內有不合者，不可施行也。乃揣切時宜，從便所爲，以求其變。以變求內者，若管取揵。言往者，先順辭也；說來者，以變言也。善變者，審知地勢，乃通於天，以化四時，使鬼神，合於陰陽，而牧人民。見其謀事，知其志意。事有不合者，有所未知也。合而不結者，陽親而陰疏。事有不合者，聖人不爲謀也。

故遠而親者，有陰德也；近而疏者，志不合也。就而不用者，策不得也；去而反求者，事中來也。日進前而不御者，施不合也；遙聞聲而相思者，合於謀待決事也。故曰不見其類而爲之者，見逆；不得其情而說之者，見非。得其情乃制其術。此用可出可入，可揵可開。故聖人立事，以此先知而捷萬物。

　　由夫道德、仁義、禮樂、忠信、計謀，先取《詩》《書》，混說損益，議論去就。欲合者用內，欲去者用外，外內者必明道數。揣策來事，見疑決之。策無失計，立功建德。治名入產業，曰揵而內合。上暗不治，下亂不寤，揵而反之。內自得而外不留，說而飛之。若命自來，己迎而御之；若欲去之，因危與之。環轉因化，莫知所爲，退爲大儀。

抵巇第四

　　物有自然，事有合離。有近而不可見，有遠而可知。近而不可見者，不察其辭也，遠而可知者，反往以驗來也。巇者，罅也。罅者，㵎也。㵎者，成大隙也。巇始有朕，可抵而塞，可抵而卻，可抵而息，可抵而匿，可抵而得。此謂抵巇之理也。

　　事之危也，聖人知之，獨保其身。因化說事，通達計謀，以識細微。經起秋毫之末，揮之於太山之本。其施外，兆萌芽蘖之謀，皆由抵巇。抵巇之隙，爲道術用。

　　天下紛錯，上無明主，公侯無道德，則小人讒賊，賢人不用，聖人竄匿，貪利詐偽者作，君臣相惑，土崩瓦解而相伐射，父子離散，乖亂反目，是謂萌芽巇罅。聖人見萌芽巇罅，則抵之以法。世可以治則抵而塞之，不可治則抵而得之。或抵如此，或抵如彼。或抵反之，或抵覆之。五帝之政，抵而塞之；三王之事，抵而得之。諸侯相抵，不可勝數。當此之時，能抵爲右。

　　自天地之合離、終始，必有巇隙，不可不察也。察之以捭闔,能用此道,聖人也。聖人者,天地之使也。世無可抵,則深隱而待時;時有可抵,則爲之謀。可以上合,可以檢下。能因能循,爲天地守神。

飛箝第五

凡度權量能,所以徵遠來近。立勢而制事,必先察同異,別是非之語,見內外之辭,知有無之數,決安危之計,定親疏之事。然後乃權量之,其有隱括,乃可徵,乃可求,乃可用。

引鉤箝之辭,飛而箝之。鉤箝之語,其說辭也,乍同乍異。其不可善者,或先徵之而後重累,或先重以累而後毀之。

或以重累爲毀,或以毀爲重累。其用或稱財貨、琦瑋、珠玉、璧帛、采色以事之,或量能立勢以鉤之,或伺候見㵎而箝之,其事用抵巇。

將欲用之於天下,必度權量能,見天時之盛衰,制地形之廣狹,岨嶮之難易,人民貨財之多少,諸侯之交孰親孰疏,孰愛孰憎。心意之慮懷,審其意,知其所好惡,乃就說其所重,以飛箝之辭,鉤其所好,以箝求之。

用之於人,則量智能,權材力,料氣勢,爲之樞機。以迎之隨之,以箝和之,以意宣之,此飛箝之綴也。用之於人,則空往而實來,綴而不失,以究其辭。可箝而從,可箝而橫,可引而東,可引而西,可引而南,可引而北,可引而反,可引而覆。雖覆能復,不失其度。

忤合第六

　　凡趨合倍反，計有適合。化轉環屬，各有形勢，反覆相求，因事爲制。是以聖人居天地之間，立身、御世、施教、揚聲、明名也，必因事物之會，觀天時之宜，因知所多所少，以此先知之，與之轉化。

　　世無常貴，事無常師。聖人無常與，無不與；無所聽，無不聽。成於事而合於計謀，與之爲主。合於彼而離於此，計謀不兩忠，必有反忤。反於此，忤於彼；忤於此，反於彼。其術也。

　　用之於天下，必量天下而與之，用之於國，必量國而與之，用之於家，必量家而與之，用之於身，必量身材能氣勢而與之，大小進退，其用一也。必先謀慮計定，而後行之以飛箝之術。

　　古之善背向者，乃協四海，包諸侯，忤合之地而化轉之，然後求合。故伊尹五就湯，五就桀，而不能有所明，然後合於湯；呂尚三就文王，三入殷，而不能有所明，然後合於文王。此知天命之箝，故歸之不疑也。非至聖達奧，不能御世；非勞心苦思，不能原事；不悉心見情，不能成名；材質不惠，不能用兵；忠實無真，不能知人。故忤合之道，己必自度材能知睿，量長短遠近孰不如。乃可以進，乃可以退，乃可以縱，乃可以橫。

揣篇第七

　　古之善用天下者，必量天下之權而揣諸侯之情。量權不審，不知強弱輕重之稱；揣情不審，不知隱匿變化之動靜。

何謂量權？曰：度於大小，謀於衆寡，稱貨財有無之數，料人民多少，饒乏有餘不足幾何？辨地形之險易，孰利孰害？謀慮孰長孰短？揆君臣之親疏，孰賢孰不肖？與賓客之智慧，孰少孰多？觀天時之禍福，孰吉孰凶？諸侯之交，孰用孰不用？百姓之心，去就變化，孰安孰危？孰好孰憎？反側孰辯？能知此者，是謂量權。

揣情者，必以其甚喜之時，往而極其欲也，其有欲也，不能隱其情；必以其甚懼之時，往而極其惡也，其有惡也，不能隱其情，情欲必出其變。感動而不知其變者，乃且錯其人，勿與語而更問其所親，知其所安。夫情變於內者，形見於外。故常必以其見者，而知其隱者。此所以謂測深揣情。

故計國事者，則當審權量，説人主，則當審揣情，謀慮情欲必出於此。乃可貴，乃可賤；乃可重，乃可輕；乃可利，乃可害；乃可成，乃可敗。其數一也。故雖有先王之道，聖智之謀，非揣情，隱匿無可索之，此謀之大本也，而説之法也。常有事於人，人莫能先，先事而生，此最難爲。故曰揣情最難守司，言必時其謀慮。故觀蜎飛蠕動，無不有利害，可以生事。美生事者，幾之勢也。此揣情飾言成文章，而後論之也。

摩篇第八

摩者，揣之術也。內符者，揣之主也。用之有道，其道必隱。微摩之，以其所欲，測而探之，內符必應。其所應也，必有爲之。故微而去之，是謂塞窌、匿端、隱貌、逃情，而人不知，故能成其事而無患。摩之在此，符應在彼，從而用之，事無不可。

　古之善摩者,如操鈎而臨深淵,餌而投之,必得魚焉。故曰主事日成而人不知,主兵日勝而人不畏也。聖人謀之於陰,故曰神;成之於陽,故曰明。所謂主事日成者,積德也,而民安之不知其所以利,積善也,而民道之不知其所以然,而天下比之神明也。主兵日勝者,常戰於不爭不費,而民不知所以服,不知所以畏,而天下比之神明。

　其摩者,有以平,有以正,有以喜,有以怒,有以名,有以行,有以廉,有以信,有以利,有以卑。平者,靜也;正者,宜也;喜者,悅也;怒者,動也;名者,發也;行者,成也;廉者,潔也;信者,期也;利者,求也;卑者,諂也。故聖人所以獨用者,眾人皆有之。然無成功者,其用之非也。

　故謀莫難於周密,說莫難於悉聽,事莫難於必成。此三者,唯聖人然後能任之。故謀必欲周密,必擇其所與通者說也,故曰或結而無隙也。夫事成必合於數,故曰道數與時相偶者也。說者聽必合於情,故曰情合者聽。故物歸類,抱薪趨火,燥者先然;平地注水,濕者先濡。此物類相應於勢譬猶是也。此言內符之應外摩也如是。故曰摩之以其,類焉有不相應者,乃摩之以其欲,焉有不聽者?故曰獨行之道。夫幾者不晚,成而不拘,久而化成。

權篇第九

　說者,說之也;說之者,資之也。飾言者,假之也,假之者,益損也;應對者,利辭也,利辭者,輕論也;成義者,明之也,明之者,符驗也。言或反覆,欲相卻也。難言者,卻論也,卻論者，釣幾也。

　　佞言者，諂而干忠；諛言者，博而干智；平言者，決而干勇；戚言者，權而干信；靜言者，反而干勝。先意承欲者，諂也；繁稱文辭者，博也；縱舍不疑者，決也；策選進謀者，權也；先分不足以窒非者，反也。

　　故口者，機關也，所以關閉情意也；耳目者，心之佐助也，所以窺覸奸邪。故曰參調而應，利道而動。故繁言而不亂，翱翔而不迷，變易而不危者，睹要得理。故無目者，不可示以五色；無耳者，不可告以五音。故不可以往者，無所開之也；不可以來者，無所受之也。物有不通者，聖人故不事也。古人有言曰："口可以食，不可以言。言者，有諱忌也。衆口爍金，言有曲故也。"

　　人之情，出言則欲聽，舉事則欲成。是故智者不用其所短，而用愚人之所長；不用其所拙，而用愚人之所工，故不困也。言其有利者，從其所長也；言其有害者，避其所短也。故介蟲之捍也，必以堅厚；螫蟲之動也，必以毒螫。故禽獸知用其長，而談者亦知其用而用也。

　　故曰辭言有五：曰病，曰恐，曰憂，曰怒，曰喜。病者，感衰氣而不神也；恐者，腸絕而無主也；憂者，閉塞而不泄也；怒者，妄動而不治也。喜者，宣散而無要也。此五者，精則用之，利則行之。故與智者言，依於博；與博者言，依於辨；與辨者言，依於要；與貴者言，依於勢；與富者言，依於高；與貧者言，依於利；與賤者言，依於謙；與勇者言，依於敢；與愚者言，依於銳。此其術也，而人常反之。

　　是故與智者言，將以此明之；與不智者言，將以此教之，而甚難爲也。故言多類，事多變。故終日言，不失其類而事不亂。終日不變而不失其主。故智貴不妄。聽貴聰,智貴明,辭貴奇。

謀篇第十

　　凡謀有道,必得其所因,以求其情。審得其情,乃立三儀。三儀者,曰上,曰中,曰下,參以立焉,以生奇。奇不知其所壅,始於古之所從。故鄭人之取玉也,載司南之車,爲其不惑也。夫度材量能揣情者,亦事之司南也。

　　故同情而相親者,其俱成者也;同欲而相疏者,其偏害者也。同惡而相親者,其俱害者也;同惡而相疏者,偏害者也。故相益則親,相損則疏,其數行也,此所以察異同之分也。故牆壞於其隙,木毀於其節,斯蓋其分也。故變生事,事生謀,謀生計,計生議,議生說,說生進,進生退,退生制。因以制於事,故百事一道而百度一數也。

　　夫仁人輕貨,不可誘以利,可使出費;勇士輕難,不可懼以患,可使據危;智者達於數,明於理,不可欺以不誠,可示以道理,可使立功。是三才也。故愚者易蔽也,不肖者易懼也,貪者易誘也,是因事而裁之。故爲強者,積於弱也;爲直者,積於曲也;有餘者,積於不足也。此其道術行也。

　　故外親而內疏者,說內;內親而外疏者,說外。故因其疑以變之,因其見以然之,因其說以要之,因其勢以成之,因其惡以權之,因其患以斥之。摩而恐之,高而動之,微而證之,符而應之,擁而塞之,亂而惑之,是謂計謀。

　　計謀之用,公不如私,私不如結,結而無隙者也。正不如奇,奇流而不止者也。故說人主者,必與之言奇;說人臣者,必與之言私。其身內，其言外者疏；其身外，其言深者危。無以人之所不欲而強之於人，無以人之所不知而教之於人。人之有好也，學而順之；人之有惡也，避而諱之。故陰道而陽取之。

故去之者從之，從之者乘之。貌者不美又不惡，故至情托焉。可知者，可用也；不可知者，謀者所不用也。故曰事貴制人，而不貴見制於人。制人者，握權也；見制於人者，制命也。故聖人之道陰，愚人之道陽。智者事易，而不智者事難。以此觀之，亡不可以為存，而危不可以為安。然而無為而貴智矣。

智用於衆人之所不能知，而能用於衆人之所不能見。既用，見可，否擇事而為之，所以自為也；見不可，擇事而為之，所以為人也。故先王之道陰。言有之曰："天地之化，在高與深；聖人之制道，在隱與匿。"非獨忠信仁義也，中正而已矣。道理達於此之義，則可與語。由能得此，則可以穀遠近之誘。

決篇第十一

凡決物，必托於疑者，善其用福，惡其有患。善至於誘也，終無惑偏。有利焉，去其利則不受也，奇之所托。若有利於善者，隱托於惡，則不受矣，致疏遠。故其有使失利者，有使離害者，此事之失。

聖人所以能成其事者，有五：有以陽德之者，有以陰賊之者，有以信誠之者，有以蔽匿之者，有以平素之者。陽勵於一言，陰勵於二言，平素、樞機以用。四者，微而施之。於是度之往事，驗之來事，參之平素，可則決之。王公大人之事也，危而美名者，可則決之；不用費力而易成者，可則決之；用力犯勤苦，然不得已而爲之者，可則決之；去患者，可則決之；從福者，可則決之。

故夫決情定疑，萬事之基，以正治亂，決成敗，難爲者。故先王乃用蓍龜者，以自決也。

符言第十二

安徐正靜，其被節無不肉。善與而不靜，虛心平意以待傾損。右主位。

目貴明，耳貴聰，心貴智。以天下之目視者，則無不見；以天下之耳聽者，則無不聞；以天下之心思慮者，則無不知。輻輳並進，則明不可塞。右主明。

德之術曰：勿堅而拒之。許之則防守，拒之則閉塞。高山仰之可極，深淵度之可測，神明之德術正靜，其莫之極。右主德。

用賞貴信，用刑貴正。賞賜貴信，必驗耳目之所聞見，其所不聞見者，莫不闇化矣。誠暢於天下神明，而況奸者干君。右主賞。

一曰天之，二曰地之，三曰人之。四方上下，左右前後，熒惑之處安在？右主問。

心爲九竅之治，君爲五官之長。爲善者，君與之賞；爲非者，君與之罰。君因其所以求，因與之則不勞。聖人用之，故能賞之，因之循理，固能久長。右主因。

人主不可不周。人主不周，則群臣生亂。家於其無常也，內外不通，安知所開？開閉不善，不見原也。右主周。

一曰長目，二曰飛耳，三曰樹明。明知千里之外，隱微之中，是謂洞天下奸，莫不闇變更。右主恭。

　　循名而爲，實安而完。名實相生，反相爲情。故曰：名當則生於實，實生於理。理生於名實之德。德生於和，和生於當。右主名。

轉丸第十三、胠亂第十四

　　二篇皆亡

本經陰符七術

盛神法五龍。

　　盛神中有五氣，神爲之長，心爲之舍，德爲之大，養神之所歸諸道。道者，天地之始，一其紀也。物之所造，天之所生，包宏無形。化氣，先天地而成，莫見其形，莫知其名，謂之神靈。故道者，神明之源。一其化端，是以德養五氣，心能得一，乃有其術。術者，心氣之道所由舍者，神乃爲之使。九竅十二舍者，氣之門户，心之總攝也。生受於天，謂之真人，真人者與天爲一。

　　內修練而知之，謂之聖人，聖人者，以類知之。故人與一生，出於物化。知類在竅，有所疑惑，通於心術，心無其術，必有不通。其通也，五氣得養，務在舍神，此謂之化。化有五氣者，志也，思也，神也，德也，神其一長也。靜和者養氣，氣得其和，四者不衰，四邊威勢無不爲存而舍之，是謂神化。歸於身，謂之真人。真人者，同天而合道，執一而養產萬類，懷天心，施德養，無爲以包志慮思意，而行威勢者也。士者通達之。神盛乃能養志。

養志法靈龜。

養志者，心氣之思不達也。有所欲，志存而思之。志者，欲之使也。欲多則心散，心散則志衰，志衰則思不達。故心氣一，則欲不徨；欲不徨，則志意不衰；志意不衰，則思理達矣。理達則和通，和通則亂氣不煩於胸中。故內以養志，外以知人。養志則心通矣，知人則職分明矣。

將欲用之於人，必先知其養氣志，知人氣盛衰，而養其志氣，察其所安，以知其所能。志不養，則心氣不固；心氣不固，則思慮不達；思慮不達，則志意不實；志意不實，則應對不猛；應對不猛，則志失而心氣虛；志失而心氣虛，則喪其神矣。神喪則仿佛，仿佛則參會不一。養志之始，務在安己。己安則志意實堅，志意實堅則威勢不分，神明常固守，乃能分之。

實意法螣蛇。

實意者，氣之慮也。心欲安靜，慮欲深遠。心安靜則神策生，慮深遠則計謀成。神策生則志不可亂，計謀成則功不可間。意慮定則心遂安，心遂安則所行不錯，神自得矣，得則凝。識氣寄，奸邪而倚之，詐謀而惑之，言無由心矣。故信心術，守真一而不化，待人意慮之交會，聽之候之也。

計謀者，存亡之樞機。慮不會，則聽不審矣，候之不得，計謀失矣，則意無所信，虛而無實。故計謀之慮，務在實意，實意必從心術始。無爲而求，安靜五臟，和通六腑，精神魂魄，固守不動，乃能內視，反聽，定志。慮之太虛，待神往來。

以觀天地開闢，知萬物所造化，見陰陽之終始，原人事之政理，不出戶而知天下，不窺牖而見天道，不見而命，不行而至。是謂道知，以通神明，應於無方，而神宿矣。

分威法伏熊。

分威者，神之覆也。故靜意固志，神歸其舍，則威覆盛矣。威覆盛，則內實堅；內實堅，則莫當；莫當，則能以分人之威，而動其勢，如其天。以實取虛，以有取無，若以鎰稱銖。

故動者必隨，唱者必和，撓其一指，觀其餘次，動變見形，無能間者。審於唱和，以間見間，動變明而威可分也。將欲動變，必先養志伏意以視間。知其固實者，自養也；讓己者，養人也。故神存兵亡，乃爲之形勢。

散勢法鷙鳥。

散勢者，神之使也。用之，必循間而動。威肅內盛，推間而行之，則勢散。夫散勢者，心虛志溢。意衰威失，精神不專，其言外而多變。故觀其志意爲度數，乃以揣說圖事，盡圓方，齊短長。

無間則不散勢，散勢者待間而動，動而勢分矣。故善思間者，必內精五氣，外視虛實，動而不失分散之實。動則隨其志意，知其計謀。勢者，利害之決，權變之威。勢敗者，不以神肅察也。

轉圓法猛獸。

轉圓者，無窮之計也。無窮者，必有聖人之心，以原不測之智而通心術。而神道混沌爲一，以變論萬類，說義無窮。

智略計謀，各有形容，或圓或方，或陰或陽，或吉或凶，事類不同。故聖人懷此用，轉圓而求其合。故與造化者爲始，動作無不包大道，以觀神明之域。

天地無極，人事無窮，各以成其類，見其計謀，必知其吉凶成敗之所終。轉圓者，或轉而吉，或轉而凶，聖人以道先知存亡，乃知轉圓而從方。圓者，所以合語；方者，所以錯事。轉化者，所以觀計謀；接物者，所以觀進退之意。皆見其會，乃爲要結以接其説也。

損兑法靈蓍。

損兑者，機危之決也。事有適然，物有成敗，機危之動，不可不察。故聖人以無爲待有德，言察辭合於事。兑者，知之也；損者，行之也。損之説之，物有不可者，聖人不爲之辭。故智者不以言失人之言，故辭不煩而心不虛，志不亂而意不邪。當其難易而後爲之謀，因自然之道以爲實。圓者不行，方者不止，是謂大功。益之損之，皆爲之辭。用分威散勢之權，以見其兑威、其機危，乃爲之決。故善損兑者，譬若決水於千仞之堤，轉圓石於萬仞之谿。而能行此者，形勢不得不然也。

持　樞

持樞，謂春生、夏長、秋收、冬藏，天之正也。不可干而逆之，逆之者，雖成必敗。故人君亦有天樞，生、養、成、藏，亦不可干而逆之，逆之者，雖盛必衰。此天道，人君之大綱也。

中　經

中經，謂振窮趨急，施之能言厚德之人。救拘執，窮者不忘恩也。

能言者，儔善博惠。施德者，依道。而救拘執者，養使小人。蓋士遭世異時危，或當因免填坑，或當伐害能言，或當破德爲雄，或當抑拘成罪，或當戚戚自善，或當敗敗自立。故道貴制人，不貴制於人也。制人者握權，制於人者失命。是以見形爲容，象體爲貌，聞聲知音，解仇鬭郄，綴去，卻語，攝心，守義。《本經》紀事者，紀道數，其變要在《持樞》、《中經》。

見形爲容、象體爲貌者，謂爻爲之生也。可以影響形容象貌而得之也。有守之人，目不視非，耳不聽邪，言必《詩》、《書》，行不淫僻，以道爲形，以德爲容，貌莊色溫，不可象貌而得之。如是，隱情塞郄而去之。

聞聲知音者，謂聲氣不同，恩愛不接。故商、角不二合，徵、羽不相配，能爲四聲主者，其唯宮乎？故音不和則悲，是以聲散、傷、醜、害者，言必逆於耳也。雖有美行、盛譽，不可比目、合翼相須也。此乃氣不合，音不調者也。

解仇鬭郄，謂解羸微之仇；鬭郄者，鬭強也。強郄既鬭，稱勝者，高其功，盛其勢也；弱者哀其負，傷其卑，汙其名，恥其宗。故勝者聞其功勢，苟進而不知退；弱者聞哀其負，見其傷，則強大力倍，死而是也。郄無強大，禦無強大，則皆可脅而并。

綴去者，謂綴己之繫言，使有餘思也。故接貞信者，稱其行，厲其志，言可爲可復，會之期喜。以他人庶，引驗以結往，明款款而去之。

卻語者，察伺短也。故言多必有數短之處，識其短，驗之。動以忌諱，示以時禁。其人恐畏，然後結信，以安其心，收語蓋藏而卻之。無見己之所不能於多方之人。

　　攝心者，謂逢好學技術者，則爲之稱遠。方驗之道，驚以奇怪，人繫其心於己。效之於人，驗去，亂其前，吾歸誠於己。遭淫酒色者，爲之術音樂動之，以爲必死、生日少之憂。喜以自所不見之事，終可以觀漫瀾之命，使有後會。

　　守義者，謂守以人義，探其在内以合也。探心，深得其主也。從外制内，事有繫曲而隨之。故小人比人，則左道而用之，至能敗家奪國。非賢智，不能守家以義，不能守國以道。聖人所貴道微妙者，誠以其可以轉危爲安、救亡使存也。